Filosofia em *comum*

Para ler-junto

•••

Marcia Tiburi

Filosofia em comum

Para ler-junto

7ª edição

EDITORA RECORD
RIO DE JANEIRO • SÃO PAULO
2016

CIP-Brasil. Catalogação na fonte
Sindicato Nacional dos Editores de Livros, RJ

T431f Tiburi, Marcia, 1970-
7ª ed. Filosofia em comum: para ler-junto / Marcia Tiburi. – 7ª ed. – Rio de Janeiro: Record, 2016.

Inclui bibliografia
ISBN 978-85-01-08017-2

1. Filosofia – Introduções. I. Título.

07-0047 CDD: 100
CDU: 1

Capa e projeto gráfico: Tita Nigrí
Editoração Eletrônica: Renata Vidal da Cunha

Texto revisado segundo o novo Acordo Ortográfico da Língua Portuguesa.

Rua Argentina, 171– Rio de Janeiro – RJ – 20921-380 – Tel.: (21) 2585-2000

Impresso no Brasil

ISBN 978-85-01-08017-2

• 2 •
As palavras e a Filosofia

• 3 •
Filosofia como ação

Convite

•••

Nas *Seis propostas para o próximo milênio* o italiano Ítalo Calvino apresentou, em primeiro lugar, uma defesa da leveza. Não é o fascínio estético da bela ideia que deveria nos convencer da pertinência da leveza, mas a simplicidade com a qual, ao defender a leveza como um valor, ele a realizou. O que Calvino queria, respondeu-nos por uma metáfora: voar. E, ressaltou, para evitar enganos: não para fugir, mas para alcançar outra perspectiva. Ora, a leveza não é a simplificação, nem o reducionismo, mas o bom do voo que nos permite ver mais longe.

Desejo o mesmo, ao escrever este *livro-dispositivo:* abrir a perspectiva de que a *formação do pensamento* se dá pela busca de sua leveza. E que a leveza se dá pela ação posta em cena pelo modo de pensar que podemos experimentar aqui. Não poderia propor o pensamento raso, nem o meramente fácil. Antes é preciso apoiar o *simples.* E precisamos diferenciá-lo do banal. O simples é o que pode ser compreendido diante do caos, do hermetismo e dos jargões que, até hoje, tanto protegeram quanto também proibiram o pensamento. Não o que simplesmente podemos compreender juntos, mas quando compreendido nos torna mais leves. O modo simples é o que sempre pode nos ligar e unir, o que podemos tentar dizer uns aos outros para sermos compreendidos, mesmo sabendo que muito do que queremos dizer não pode, por muitos motivos, ser dito ou compreendido. Pensar não é fácil. Pensar é simples e não quer dizer que seja uma resposta absoluta nem que resolva todos os enigmas que concebemos ou inventamos. Pensemos este livro como uma experiência de pensamento em seu sentido mais evidente e no que pode ser expresso. Tal é a simplicidade que este texto expressa. O contrário da pretensão de dizer o impossível, o simplesmente dizer e por meio dele buscar o que ainda podemos chamar de verdade.

Se a comunicação do que sabemos, pensamos ou desejamos é hoje em dia tão complexa, ao esforço de dizer podemos chamar "filosofia". Trata-se de um simples esforço. Trata-se de realizá-lo. Não há mistério. A linguagem é sempre simplificação diante do mistério do que existe. Só podemos supor nosso esforço de dizer, jamais o que não pode ser dito. O mistério nos escapa ainda que não deixemos de segui-lo. Filosofia é propriamente um modo de dizer, é a tentativa de aproximação com o outro e com as coisas pelas palavras. Carregadas de conceitos e ideias, as palavras são como mãos que unem corpos inteiros, histórias de vida, desejos, projetos. Quando realmente conversamos é como se estivéssemos de mãos dadas.

Apoiemo-nos nesta leveza e olhemos em outras perspectivas. Hoje em dia precisamos aprender modos de olhar que não se percam no emaranhado das coisas. Alcançar uma perspectiva é buscar a liberdade da ação que sempre começa com a liberdade da visão. Nosso olhar será livre e livre, nosso modo de ser. Tal é a diferença que a filosofia pode nos ensinar.

Desejo que aqui se esboce um pensamento que faça voar e reconhecer, como quem conhece um mapa, a bela paisagem da filosofia, não como história de ideias prontas, mas como método, ou seja, modo de pensar. Quando falamos de filosofia o importante é entender caminhos, não simplesmente conteúdos. Tais caminhos, sejam os percorridos pelos antigos, sejam os modernos, todos mostram que o pensamento não é solitário, mas ação partilhada. Por isso, a filosofia é uma boa revolução na ordem da subjetividade: do que cada um de nós é ao lado e junto de outros. Quando falamos de nossa relação conjunta dizemos "intersubjetividade". Talvez nosso encontro com os outros não seja um fato simples, mas apenas uma aposta, um desejo a realizar-se. Nosso desejo, este sim, é, neste caso, algo simples. Queremos saber. A filosofia como *liberdade de pensar* que ela sempre deveria ter sido, mais do que mera historiografia de ideias – como se deu até hoje entre nós brasileiros com as honrosas exceções que merecem ser investigadas com afinco – é o que hoje é um fato a ser analisado, mas sobretudo uma prática possível que convida a todos e qualquer um.

O texto que compõe este livro quer ser aberto, sem comprometer-se com didatismos, pois o didatismo é o que primeiro elimina o mistério do pensamento que, afinal, move o pensamento. Não falo de um mistério como apenas o obstáculo ao conhecimento, mas o lugar criativo onde o conhecimento se torna possível. A única coisa que aqui se supõe é que alguém (um entre outros) saiba ler e possa dedicar-se à atenção (quem a tiver estará lendo também sobre si mesmo). A atenção é um dos tópicos principais que o texto quer tornar possível. Atenção é tanto uma categoria do conhecimento quanto uma categoria ética. Quem seríamos, que mundo construiríamos se fôssemos seres mais atentos?

O livro a seguir espera um leitor, mas não que *todos* saibam *ler*. Filosofia em comum é uma filosofia inclusiva. Ela pondera a chance de leitura de quem não teve a sorte de ser alfabetizado de fato, ou de quem não tenha sequer o hábito da leitura. Por isso, postula a ideia de que podemos ler também com os ouvidos. Generosidade é ter quem possa ler para nós e dispense o trabalho de nossos olhos e da decifração de signos. Que o hábito da leitura é, ele mesmo, um dispositivo para o pensamento não é difícil de suspeitar, mas ouvir também é decifrar, nisto ouvir e ler são próximos. A *Filosofia em Comum* espera, portanto, que aquele que não pode ler tenha apenas a sorte de ter um amigo – um parceiro – disposto a partilhar seu saber-ler. Antes de saber-ler, porém, deseja-se que todos estejam dispostos a *ouvir* alguém que se disponha como leitor. A rigor, esta filosofia não exige nada, apenas deseja um gesto. Ainda que tal gesto possa soar utópico: que se imagine como um sonho em que alguém que não saiba ler possa ter aprendido a ouvir. O que exige um hábito em relação à estrutura da linguagem. O dispositivo presente surge da aposta (que sempre pode ser perdida) na capacidade de invenção e diversão humana.

Este livro encontraria sua excelência se pudesse ser lido e ouvido em rodas de conversa, realizando o ideal da filosofia como encontro de amigos por amor ao saber. O ideal seria que pudesse ser tão querido como o vinho ou a cerveja que motiva e emociona os encontros. Mas nesta comparação, não é possível perder a chance da brincadeira, é claro que o livro está já de posse de seu próprio fracasso.

A perspectiva nova, de quem o escreveu (eu), e a do leitor (você mesmo), como um autor (como perceberá que é logo, logo...), é o que precisamos buscar juntos. Ultrapassar o limite da escrita por meio da escrita, fazer a filosofia retornar ao seu fundo essencial de encontro – em nome das ideias –, de diálogo que ela jamais deveria deixar de ser, eis o bom propósito que aqui se busca articular. Isso só será possível se a leitura vivificar o que está morto. O pensamento só é poder, no bom sentido da vida dele nascida, se é união entre os que pensam.

Este *livro-dispositivo* é a lâmpada que ilumina o que fizermos – *eu* e *tu* – aqui.

Antes da autoria – chame seus amigos – pratiquemos a parceria do pensamento.

Assine comigo, as ideias são de todos.

Marcia Tiburi

São Paulo, dezembro de 2007.

Atravessei a porta

João Ninguém

Não eram passos. Nem era escada.
Penso no que tinha sob os pés.
Algo entre nada e nada a revelar
os vãos de minha sombra.

Julián Ana. in Berenice Do

Luz, mais luz.

Goethe

Introdução
●●●

Filosofia em comum é um projeto que visa à construção de uma filosofia que seja mais do que algo *para* todos: a filosofia *entre* todos. A intenção última que alicerça o texto que aqui se apresenta é algo outro que a democratização do saber. Neste caso seria pressuposta a existência de um saber pronto, um bolo a ser dividido ou, em caso melhor, experimentado por todos. A intenção de *Filosofia em comum* carrega a humildade da proposta: a possibilidade de que todos possam, com seu pensamento descoberto como uma experiência, construir o saber. Tal é a motivação essencial do que aqui se deu a ler. Nada mais que algumas palavras como sinais e chaves, uma simples experiência de pensamento a ser compartilhada. Ela deve também ser ultrapassada. Por isso, o livro é pequeno e, mais do que por fatalidade, também por escolha, incompleto: para que possa apenas, e com ênfase, convidar a pensar-junto, a produzir esta ação, a mais própria da filosofia.

O texto não apresenta, portanto, nenhuma pretensão de um saber acabado, não pretende – nem poderia – estar concluso. Seria contraditório com a melhor intenção da filosofia que aqui se tenta elaborar. Já se foi o tempo em que a filosofia se dispunha a ser uma resposta para tudo. Quem sabe ela possa ser, mais que um saber sistematizado (tanto quanto arte de fazer perguntas e apresentar respostas fundamentadas que impliquem os participantes num jogo de linguagem emancipatório, tanto quanto conversação para a liberdade), a provocação para o pensar, o estímulo do pensamento para aquele que a lê, não a sua técnica. O verdadeiro pensamento é sempre orgânico, ele nasce da vida vivida de cada um. Não de seu *curriculum vitae* ou de seus feitos, mas de tudo que se pensou e acabou retido como inação, não como um não feito, mas como um feito do pensamento. Se prestássemos mais atenção no que pensamos talvez tivéssemos posse sobre o território esquecido que estimula a ação, nosso pensamento inconsciente. Talvez a filosofia não seja mais do que a capacidade de articular estes pensamentos inconscientes que nos movem, talvez ela nos faça apenas "saber o que fazemos" porque fomos capazes de, por meio dela, pensar no que fazemos.

Espera-se que a partir disso o território do pensamento se descortine como um mundo possível onde a dúvida, o questionamento, a linguagem sejam produtores desta específica alegria a que damos o nome de conhecimento. Filosofia em comum pretende apresentar este texto como um suporte básico para que se possa "pensar junto" uns dos outros e assim, como numa dança em grupo, promover a alegria que é sempre mais que prazer. Ainda que este e todo livro devam nos dar prazer em ler, o mais importante é que nos levem à alegria da experiência que promove a descoberta. E que leve da leitura ao além da leitura. Da passividade à atividade do pensamento por meio da leitura. A leitura é este balanço, este barco, esta bicicleta, metáforas com as quais nos apropriamos da construção lúdica das ideias. Que o leitor – individual ou coletivo – seja um sujeito que nasce como capaz de pensar. A essa característica do texto podemos dar o nome de *dispositivo.*

A *filosofia em comum* deve ser o oposto de um pensamento compartilhado em que consenso e acordo é o que se visa, ela deve ser esclarecimento sobre a verdade que buscamos (a verdade é, a propósito, o que buscamos) pela reflexão ao lado uns dos outros e que pode nos levar a decisões, ações, mudanças, um olhar mais cuidadoso sobre o que existe. Um outro olhar que nos faça ver mais longe. Pensar junto ao outro parece a pista desta visão de longo alcance. O outro é quem me leva a pensar ao negar meu lugar, ao duvidar do que sou, ao me colocar referido a mim mesmo. O que ele consegue simplesmente ao ser ele mesmo, ao refletir minha ignorância ou meu saber, por estar do outro lado mostrando-me o que não sou, o que não sei, que sou eu ao não ser ele, que não sou nada sem ele.

Por isso, a metáfora que melhor expõe o que possa ser uma *filosofia em comum* é a do laço, em que uma parte e outra se unem num novo nó, um novo "ato", no sentido de partes que se "atam", se "en-laçam". Brinquemos com estas possibilidades da língua portuguesa, pois é urgente hoje usarmos o espaço da língua que dispomos e assim descobrir vestes para algo que possamos tratar como *filosofia*. Assim faremos crescer nossa língua, nossa cultura e nosso pensamento.

O que o presente texto buscará é expor uma experiência de pensamento, ou seja, um processo de atenção e trabalho com os limites e alcances do ato do pensar e de "atar" o pensar, o que se faz junto ao outro. Ele percorre seu próprio processo – dos momentos mais simples a outros mais complexos – tentando tocar no que pode ser comum a toda experiência de pensar, sem perder de vista o caráter interpretativo de sua exposição que envolve sempre um momento pessoal. Como um texto de filosofia procura-se nele – e com ele – o que poderia ser o aspecto ou a experiência universal, ou seja, de "comum" na própria experiência do pensar.

O saber é o resultado do encontro que o busca, não o conteúdo desse livro, ele mesmo apenas um gesto proposital para o encontro. A verdade é o que dali se pensa, e o que é muitas vezes difícil de ver. O livro seria, assim, um alimento compartilhado. E filósofo seria todo aquele que participasse do trabalho da compreensão, um trabalho que não se dá sem re-união (não a burocrática reunião que carrega nossas vidas em nossos trabalhos, mas a união por vontade própria, a união que gera ideias e interpretações produtoras de interação no mundo). Ainda que a filosofia seja o encontro em nome do saber, algo que se pode realizar a cada momento, a necessidade de um livro sobre esta questão se dá como obra de instauração: a fundação do que pode ser vivido. Assim ela se dá à vida.

Como livro, *Filosofia em comum* parte do fato inexorável da autoria, de que todo texto, toda obra, tem um autor. Isto significa que as experiências e as vivências daquele que escreve definem seu texto como aquilo que não podia deixar de lhe ser próprio, mas que precisa, ao mesmo tempo, ser partilhado. A autoria é um momento essencial da partilha. Ela mesma é partilhada e, por isso, revista em sua significação mais profunda. Questionamos por meio da ação que é a leitura deste livro o sentido da autoria, a dialética entre escritor e leitor. Se ainda há autoria é porque há a possibilidade da sua partilha. Definimos, com nosso gesto, uma nova noção da autoria em que o apego narcísico às ideias dá lugar ao verdadeiro diálogo e à boa apropriação do outro, seja como conteúdo, seja como método. Isto quer dizer, mais uma vez, que o leitor destas páginas será também seu autor. Ele também será responsável pelo que lê, concordando ou não com o que lê, enriquecendo o que viu. Pois toda leitura é questionamento e abertura de voz. O que é lido torna-se um modo de posicionar o que está escrito. Este torna-se realmente vivo no momento em que deixa de ser mera impressão na página em branco, em que deixa de simplesmente enfeitar a estante.

Estas ressalvas são necessárias num contexto como o brasileiro, no qual a filosofia institucional é constantemente tratada como história da filosofia, não sendo permitido pelas instâncias burocráticas um projeto de pensamento que se experimenta (pensamento experimental, em certo sentido em fuga da vigilância ou alegremente livre), como encontro com a vida, as coisas, os outros pensamentos. Quando um aluno perguntou-me há alguns anos sobre o que se poderia ainda escrever sendo que os filósofos "já tinham escrito tudo", eu lhe respondi que a "sua filosofia" ainda não tinha sido escrita e que ninguém poderia escrevê-la em seu lugar. Eu lhe sugeria que enfrentasse a aventura que apenas ele poderia viver, como ser que pensa e experimenta a vida como corpo/linguagem. E que encontrasse um modo criativo – ou simplesmente seu – de trazê-la até nós. Do lado de cá seríamos organizados em nossa antropofagia em respeito à dádiva – pois uma ideia é um presente que damos uns aos outros e precisamos saber que isto está cheio de bom poder – que nos foi concedida.

Com isso eu não quero dizer que cada um tem pura e simplesmente a "sua filosofia" como um conjunto de ideias prontas ou que cada um que diz "eu" tem a "minha filosofia" como algo intransponível. É um engodo acreditar que meu mero pensar já é filosofia. Precisamos cuidar do que chamamos de filosofia. Para salvar a filosofia da ilusão do *meramente pensar* é preciso defender a dúvida, prometer a dúvida e cumprir a promessa. A filosofia é fala elaborada – ela é, na prática, voz iminente e plena de poder de ação – que evita as perspectivas e opiniões petrificadas e estanques umas das outras e, ao mesmo tempo, exige a qualificação da opinião, do discurso, do argumento.

Embora seja um discurso com pretensões de universalidade (dizer uma filosofia para todos é sempre um pleonasmo), a filosofia sempre carrega o problema da autobiografia. Temos a obrigação de sermos honestos com este fato de que cada um de nós expõe o que lhe ocorreu em termos de pensamento. Mas não podemos deixar de lado a interação que toda ideia provoca (como consenso ou dissenso). São, portanto, as perspectivas diversas que entram em jogo no diálogo a que chamamos filosofia. O particular, a visão de cada um é fundamental, em qualquer caso, e não há pensamento que surja simplesmente na solidão. O grau zero do pensar é ilusão.

O mesmo podemos pensar da história da filosofia que conhecemos. Ela vale enquanto território onde ideias específicas de sujeitos históricos (os filósofos) foram guardadas e movimentam-se entre si. Não é apenas com nossos pares presentes que entramos em diálogo ou interação, mas com o passado das ideias. Nietzsche no século XIX dizia que filosofia era autoconfissão. Este momento não pode ser negado. Do mesmo modo, não é difícil imaginar que aspectos autobiográficos presidem as obras literárias, pois quem escreve, mesmo se omitindo como sujeito, acaba por revelar-se nas intenções, na expressão inconsciente que leva a uma forma cuja leitura deve ser buscada. O único acesso que temos hoje às ideias do passado passa pela leitura das obras cujos autores já são pó.

Este fato envolve um elemento literário – texto escrito e texto lido – que constrói hoje o campo da filosofia.

A filosofia, embora seja eminentemente pensamento, é, portanto, um trabalho de forte teor literário. Dizer que grande parte da filosofia é literatura não é um erro. A filosofia é – ou pode ser – pensamento que se escreve, além de pensamento que se forja entre pensantes. Cada qual escreve conforme seu estilo, ou seja, não escapa de seu modo de ser e de dizer que se expressa na linguagem que usa. O fato de que se é uma ou outra pessoa é inexorável ao processo de pensamento. O mesmo ocorre quando se pensa na ação de cada um. Ou seja, cada um responde ao instante histórico, espacial e temporal que ocupa com seus movimentos, gestos, ações. Cada um só pode oferecer sua interpretação a partir dos próprios limites históricos e situacionais que experimenta.

Quero justificar com esta base o meu próprio discurso filosófico e o porquê de oferecer ao público um texto que é uma introdução à filosofia – mais que aos seus tópicos e problemas, a uma específica filosofia que chama ao método – sem ser uma introdução à história da filosofia, ainda que busque um diálogo com vários momentos históricos. Nosso país está bem servido de obras com o objetivo de introduzir à história. Por isso, a intenção desta contribuição é a de providenciar ao leitor um contato com uma experiência do pensar que vá além dos arquivos históricos e toque no âmbito de um "pensar possível" para cada um e todos, de modo que cada um se sinta instigado a participar desta *filosofia em comum*, tanto quanto de desenvolver a sua. É de se considerar que todo livro de filosofia deve ser sempre uma introdução, algo necessariamente inacabado cujo futuro está nas mãos de quem lê.

O que aqui está escrito está, portanto, de antemão, disposto ao diálogo com os demais. Se há uma pretensão neste texto é de que seja um dispositivo de diálogo, um instrumento de encontro, assim como pode ser um cafezinho entre amigos, um almoço, um filme. Eis sua intenção: ser coisa que se faz junto, que se devora, que se mastiga, que alimenta ou que simplesmente dá gosto. Mas também se percebe posto à prova num tempo em que a autojustificação da filosofia soa de mal gosto diante de sua evidente demanda. Os tempos são sombrios em termos econômicos e políticos, vivemos a desilusão com ideais e projetos, inclusive o humano, e a filosofia, com seu archote de luz, aparece como portadora da esperança para aqueles que não conseguem ver caminho na fé ou nos prazeres possíveis da vida. Há que questionar todos os caminhos, inclusive este que tomamos aqui, para fortalecer ou destituir o sentido das escolhas. Portanto, o texto aguarda a crítica epistemológica, e mesmo literária, e conta com a liberdade – e mesmo a maldade – do leitor para poder avançar em seu propósito.

Se o texto ainda estiver em suas mãos, por favor leia-o uma vez – ou de novo – com seus amigos. Com o amor ou o desprezo advindo da leitura já feita, por favor, dê-lhe ao primeiro que encontrar em seu caminho ou deixe-o em local onde possa ser encontrado. Os deuses que há muito deixaram de reger a filosofia, agradecem.

Ler-junto ou Leitura-ritual

•••

Este livro foi concebido para ser um dispositivo de leitura. Um investimento de forças na consciência e no gesto de ler que revele o que há além da leitura. Nenhuma leitura real acontece sem sentido. Toda leitura é uma profunda experiência de vida feita no encontro da voz como expressão entre corpo e pensamento. A leitura é o que nos ensina a pensar, a entender, a interpretar. Não é apenas um gesto de decifração do dizer alheio, de textos fechados leve ou hermeticamente. Mas gesto de atenção e cuidado com o que existe e que nos interpela pedindo para que algo nele seja salvo pelo nosso olhar. A leitura é o parto da ideia do texto.

Nossos tempos deixam a função essencial da atenção humana de lado, nos cabe agora, para salvar o conhecimento e o bem-viver, retomar a potência da leitura como potência de pensamento, de diálogo com as coisas ditas e com o que podemos nós, a comunidade de leitores, também dizer. Que a potência da leitura se torne ato de compreensão. Quiçá este texto nos ensine a ler, ou nos mostre que por meio da leitura podemos nos tornar outros, não apenas pelo acesso a conteúdos novos, mas pela forma com que buscamos conhecer. A leitura é a descoberta desta forma, mais do que a decifração de um conteúdo.

Como dispositivo que se aciona pela leitura, este livro só se realiza quando lido. Quer dizer que ele não é um produto finalizado, mas acontece apenas no próprio processo de sua leitura. Ora, todo livro precisa ser lido. Dizer algo tão óbvio exige um motivo: não se pode falar em livro escrito para não ser lido. Então o que este livro quer além do óbvio? Como todo "meio", um livro também precisa de um destinatário, de ser ponte entre mundos diferentes. Não necessariamente entre aquele que sabe e o que não sabe, mas entre o que escreve e o que lê. O que mais um livro pode ser?

(As perguntas intermitentes ao texto ou ao final de cada capítulo servem para recolocar a discussão e exercitar a dúvida que o texto como um todo buscou promover. – Aqui, ao escrever, de antemão me divirto com os atos-falhos que, imagino, aparecerão na hora da leitura... – Se todos os textos fossem lidos assim, seríamos outros leitores. Autores e protagonistas de nossas interpretações, não marionetes de pensamentos alheios.)

Todo livro é incompleto e a leitura é seu desejo imanente, seu *conatus* (aquela palavra que aparece nos textos do filósofo Spinoza para designar o desejo de ser), aquilo que lhe auxilia a cumprir sua função e sua sina. A leitura é sua *areté* (palavra que os gregos usavam para falar da verdade concreta de algo), a virtude de cada coisa como máxima realização daquilo que ela mesma é. A diferença deste para com todo livro que deve ser lido para estar vivo, é que se demarca por sua *função de leitura* que se deve realizar, necessariamente, a partir de um *encontro*, inicialmente entre leitor e livro. A questão é o tipo de leitura que ele pede: uma leitura com outros.

Que este livro tenha sido escrito para ser lido em conjunto define sua qualidade. Aqui se propõe a ênfase no encontro. A chance de realização de seu próprio propósito está no modelo da leitura (a leitura do livro que é a leitura mesma que você realiza neste momento, caro leitor), que, sob o estatuto do conjunto, fará de você, e de cada leitor, um específico autor. A ideia inicial do livro, seu pressuposto como se diz em filosofia para explicar os motivos de algo, é de que a leitura é a função que, acionada com lucidez, questiona o sentido da autoria, renova a compreensão das ideias, do que sejam, de quem sejam. Por isso – porque a leitura deste livro busca uma prática e um efeito – podemos dizer que ele é um dispositivo.

A autoria é a descoberta do próprio lugar de cada um, daquilo que é sua marca, seu sinal. Sou autor aqui onde eu me posiciono ciente e criador de meus próprios gestos e atos, aqui onde eu deixo minha marca na relação com o dizer de outro.

É porque escuto que sou leitor, mas o sou apenas quando falo o que escuto do meu jeito.

Se escrevo preciso de um leitor, sou apenas o lado de uma ideia incompleta e que tem chance de se tornar inteira (a chance...) pelo gesto do leitor que, se não a completa, a complementa e a renova, melhora seu motivo inicial (assim como toda cópia sempre modifica o modelo, não podemos dizer que haja, de fato, cópia; melhor dizer que a cópia é, neste caso, só uma tentativa criativa, uma vontade de ir além). Em se tratando de um livro de filosofia, um livro para tratar de ideias, estamos diante de um motivo hermenêutico essencial. A interpretação é o centro da hermenêutica – a área da filosofia que discute a leitura das coisas. Interpretação é leitura. Leitura é apossamento de ideias não porque o outro seja seu proprietário, mas por revelar que a propriedade não é possível. Todo filósofo, por isso, deve estar disposto a desapropriar-se. Tal é a tarefa do filósofo num mundo em que sua tarefa é apoiar a construção do diálogo. Despossuir a ideia, dá-la a um outro uso, deixá-la como filhos que devem criar vida própria. O filósofo, seja ele escritor ou não, é também leitor. Sequestrador de ovos de ninhos alheios, o dos livros da tradição que ele mantém viva com novos pássaros com asas adequadas a cada tempo.

Mais importante, porém, que discutir a quem cabe a posse da ideia, é aprender a verdade sobre o universo onde as ideias transitam, qual sua função, como as dominamos ou elas nos dominam sem que saibamos. Ou seja, é preciso descobrir como e a partir de onde pensamos. Onde começa o pensamento em nós? Será que se partilharmos sem medo nossas ideias nos sentiremos ameaçados? Quando conversamos nos colocamos nesta cena, talvez, por isso, conversemos tão desconfiados e haja tanta mentira e ocultação em nossas palavras. Como poderíamos realmente conversar? Será que a leitura pode nos ajudar nesta ação? Por onde começar?

Para ler-junto, expressão que serve de subtítulo a esta *Filosofia em comum*, convida a uma experiência: a descoberta da voz. A minha voz (eu que aqui leio) e a sua voz (você que me ouve) precisam ser acolhidas no que podemos chamar de *leitura-ritual*. Ler junto é o que podemos chamar de leitura-ritual; não como religiosidade institucional da leitura, mas o caráter lúdico de todo encontro que, neste sentido, é puramente religioso, conexão entre falta e sentido, ausência e possibilidade de saber.

Várias vozes aqui se encontram. A do escritor, a do leitor, a do ouvinte. Eu, que o redigi, experimentei, a todo momento, a sensação de que meu trabalho dependia do trabalho de outrem (outrem é um modo de falar de um outro inespecífico, alguém-outro). De que minha tarefa era um lado da banda que este livro pretende ser e que tem como outro lado a leitura que você está agora realizando.

Ao escrever isso penso na Banda de Moebius, aquela fita muito conhecida na geometria projetiva que se desenha assim como um ∞ que é também símbolo do infinito. Ela tem como característica fundamental uma torção ao longo de si mesma que transforma um lado no lado que é seu avesso. Trata-se de uma passagem de um lado ao outro sem deixar de ser o mesmo. O autor assim como o leitor é uma Banda de Moebius. Isto significa que o autor é um leitor, o leitor é um autor.

Escritor e leitor compõem a figura do "autor". Este não é uma pessoa apenas quando se trata de livros, mas um "movimento" – mais que uma entidade ou instituição – representado pela linha que tem dois lados e um "ato" que se dá no encontro de ambos quando, na torção, a fita encontra o seu contrário.

O foco é o encontro dos lados que, creio, enquanto redijo, se dá na leitura de vários que o contestarão e redefinirão seus próprios pensamentos. Este livro, por isso, quer ser mais que um livro. Tomara seja ponto de encontro. Que seja um lugar de interconexão. Como a praça onde os gregos se reuniam na realização da democracia, que ele seja como a *ágora*, ou que tenha a forma de tabuleiro, que seja como um campo, ou um território móvel, ou que seja como uma tábua como aquelas tábuas enceradas onde escreviam os antigos. Que carregue, de qualquer modo, seu espírito impresso.

Para isto, para promover o *bom encontro* que está na essência do que chamamos aqui de *filosofia*, ele foi especialmente elaborado. Sua pretensão – que seja ética e boa – é a de ser um livro prático, no limite do que isso possa significar. Uma coisa que levo junto e, com desejo, leio junto.

Como ler, ou a importância da voz

•••

Aqui eu tenho em mãos um códice (você[1] que o está lendo pode dizer tranquilamente "aqui tenho em mãos um códice"), para ser carregado e manuseado. O formato tradicional do livro tem vantagens. A alternativa de colocá-lo na internet que me passou pela cabeça, já que sua função é democrática, não se sustentou como a melhor, pois nem todos possuem computador e, mesmo possuindo-o (além do que a impressão a tinta seria mais cara do que a impressão que temos aqui), não seria um objeto que pode ser movido e manuseado. É ideal que seja carregado junto de quem o lê, na bolsa, na mochila, no bolso. Sinceramente, não o imaginei dentro de uma mala. Uma mala dá a sensação de excesso inútil. Imaginei-o na *sua-minha* (= nossa) mão. E sendo logo "passado adiante" para preservar seu espírito dinâmico, rítmico, de movimento, de liberdade. Do mesmo modo não o imaginei parado na estante. Será que este livro pode descansar?

A alternativa de publicação é algo importante para mim, pois é preciso ter em conta que existem livros que podem ser escritos sem que precisem ser publicados. Ela diz respeito à maior possibilidade de fazer deste objeto-livro partilhável pelo maior número de pessoas. Assim ele se inscreve como objeto-democrático (como um guarda-chuva sem dono, e muito útil em dias de chuva) que todo livro deve ser, mas nem sempre é. Se não protege da chuva (o que esta metáfora pode significar?), pode proteger do vazio e do tédio, serve para ocupar/desocupar mentes e promover "contatos". Como objeto de partilha, ele nos ensina o sentido básico da democracia como uma forma de relação, de vida, mais do que uma forma de governo como muito ainda se ouve dizer. A partilha democrática significa "estar junto em nome de algo que nos mova". Talvez daí surja algo que se possa chamar de "significado". Este livro é um instrumento de democracia em nome da filosofia, e o contrário, instrumento de filosofia em nome de democracia. Tanto faz. A partilha – com tudo o que ela exige de justiça e abertura, de clareza e lucidez – é o que importa em tais definições.

Ele se destina a ser objeto que deverá ser manuseado para levar adiante o encontro orgânico entre pessoas que partilham vozes. Ele seria como uma partitura. A leitura seria como a música que todos podem cantar juntos. Por isso a necessidade evidente do intérprete. Na música nem sempre aprendemos o que se passa conosco, muitas vezes apenas imitamos mesmo que esta imitação forje ou modifique nosso modo de ser. A filosofia pode aprender com a música, mas deve também mostrar qual a novidade de sua experiência. A capacidade de aprendizagem filosófica depende de uma habilidade para tomar consciência, caminho ao qual este livro quer levar. Esta é a diferença do uso da voz que vemos ao cantar e que perceberemos aqui quando temos que dizer e escutar uns aos outros.

O livro que tenho em mãos é um objeto munido do espírito de ser um corpo inanimado, porém falante.

Cuidado, este livro pode aquecer... e explodir.

Brincadeira, eu estava só oferecendo um tom dramático para ajudar o sisudo leitor (eu mesmo). Mas não estou dizendo nada disso, estou apenas lendo este "dispositivo".

Se eu estiver olhando de modo estranho... bom, deixa para lá. Na verdade, a pessoa que escreveu está brincando comigo que o estou lendo ☺.

Se eu continuasse a escrever assim o leitor poderia sentir-se fisgado como naquelas encenações de teatro em que a separação entre atores e público é eliminada. Mas continuemos em nosso tom consciente, pois a filosofia não é mera retórica, nem sedução, muito menos jogo inconsciente (ainda que deva estar atenta ao inconsciente que a pode trair em seu projeto consciente a todo momento...). Para que o impulso falante se realize, está inscrito no modo de se articular deste livro-dispositivo a necessidade de que cada um descubra sua voz. Durante a leitura, ao ouvi-la, ele verá se pode concordar com o que saiu de sua boca. Do que ali foi posto. E isso será mais do que uma tentativa de mágica. Chega a ser tão simples que pode parecer bobo que o que eu digo deva ser ouvido. Quem o lê descobrirá pelo aparentemente singelo ato de ler, que é um ser que fala e que ouve. Não há cidadão nem política que surja sem este gesto. E depois disso cada um descobrirá (me descobrirei) como um pleno ser pensante.

Devo parar?

Platão (o filósofo ateniense do século IV a.C.) dizia que o pensamento é a conversa da alma consigo mesma. Ao levar tal ideia a sério podemos pensar que mesmo que haja um leitor solitário – condição inicial do leitor moderno, já que o modo de ser do homem moderno é a solidão – ele deve saber que está junto de outros que solitariamente também o leem. E que podem se reunir para uma aventura intelectual cujo resultado cada experiência deve dizer. Quando partilhamos a solidão, sua qualidade é outra e ela mesma pode deixar de existir como tal.

O que se espera com isso? Que com um mote filosófico promova-se algo antigo, embora esquecido atualmente: a *prática do pensamento como ação conjunta*. Espera-se que, com a mudança do estatuto da leitura aqui promovida, aflore a autoria pela percepção de cada um acerca da experiência de solidão que a leitura demonstra e manifesta com tanta força. Qual meu estatuto enquanto leitor de algo? Que faço enquanto leio? De que me serve ler? A quem sirvo enquanto não acordo para o meu próprio potencial *hermenêutico*, ou seja, para a minha habilidade em interpretar o que há; em outras palavras, o que posso pensar e dizer sobre algo?

Este livro, caro leitor, quer apenas libertá-lo de toda leitura escravizante e abrir a chance de uma leitura libertadora, a leitura que faz pensar.

Que sejam revistos os estatutos individual e coletivo a partir do pequeno gesto que é este livro. O que acontecerá se eu, ao ler junto, de repente, perceber que "penso junto"? O que se espera com este texto é a liberdade de pensamento, de expressão, a possibilidade de novas ideias que iluminem nossas vidas. E que seja lido como se queira, do começo para o fim, do fim para o início, saltando trechos, reescrevendo-o, corrigindo, realizando, deste modo, a autoria coletiva que todo texto necessariamente passa a ter à medida que é lido. A autoria aberta é o anseio de todo livro verdadeiro. Aqui este propósito está explícito. A incompletude do texto é, portanto, um sentido e um propósito. Neste Filosofia em comum busca-se a experiência radical da leitura como transformação. Uma metateoria da leitura nos orienta, apenas para nos tornarmos livres e seguirmos pensando.

A leitura é o impulso para o pensamento que busca o saber que, sendo filosofia, é amor ao saber [como na etimologia *Filia* (amizade, amor) + *sofia* (sabedoria)]. Imagino o leitor como a criança que se lança o mais alto que pode no balanço pretendendo alcançar uma espécie de voo. O importante é agarrar-se bem para não cair e dar o impulso certo, mas depois é preciso descer, voltar ao chão e seguir andando. Certamente quem fez a experiência no balanço não caminhará do mesmo modo.

Sugiro que cada um em cada grupo possa desenvolver seu próprio método de leitura e apropriação, bem como modificação do que aqui se grafou. Sugere-se que interrompa e enfatize, duvide, pare e pergunte: desacredite a cada frase. Refaça o pensamento.

Este livro também quer contribuir para um avanço real na história de nossa audição. Penso aqui em como se tornou difícil ouvir música. Se pudermos ouvir pensamentos e ideias, talvez, formemos um ouvido mais atento.

Descobriremos, é certo, que todos somos filósofos, em potencial ou em ato. Nada de pensar o filósofo como um tonto ou, ao contrário, um título honorífico. Filósofos nunca foram sábios, são apenas perguntadores, provocadores dispostos à aventura do conhecimento, da busca da verdade, mesmo que ela não seja apenas diversão.

Com isso, iniciaremos um novo tempo em que filosofia seja uma prática do intelecto, uma prática da linguagem, da "racionalidade com sensibilidade" que nos leve a um mundo de relações melhores. Um mundo com mais lucidez. Nossa contribuição (de todos que a este livro se relacionam) é ajudar a promover laços honestos entre as pessoas, fundados na presença compartilhada de nossa dúvida elevada à reunião de forças, partilha de saberes e dúvidas, forma de poder saber e saber-poder. Que a dúvida seja, entre nós, uma espécie de pão; pode parecer algo muito cristão, ou algo muito materialista. Alguém pode desconfiar. Seja bem-vindo. Desconfiar é uma ação necessária e urgente. A partilha, todavia, é necessidade, independentemente da filiação que possa ter. Nosso desejo de estar junto é nossa condição existencial básica. Hoje, é certo, como ontem, precisamos de alimento também para o espírito. E mais que isso, no encontro espiritual de nossos pensamentos está uma nova vida materializada em forma política. Pensar-junto é um poder. A democracia depende da partilha da escrita, partilhemos também a leitura e, com ela, tornemos visíveis e evidentes os nossos pensamentos que podem vir a ser de todos.

O espírito que animou este livro-dispositivo, o espírito da boa comunidade, deseja-se que esteja presente em cada uma de suas frases. Que ele nos faça acordar para os laços que estabelecemos juntos uns dos outros. E nos faça prestar atenção à antirrelação, à ruptura que tantas vezes não nos permite seguir.

• Notas •

1 Este livro-dispositivo foi escrito para circular no Brasil que se divide, em sua língua falada, no uso do pronome você ou tu. Em certos lugares o uso de um ou outro parece ser um sinal de pertença ideológica da pessoa ao local, mais do que mero hábito. Aqui usarei o "você" porque me parece mais simples, já que o "tu" exige conjugações que nem sempre são usadas em todos os locais.

Nós e a voz

•••

Este livro é um *dispositivo* e não um livro didático (não no sentido escolar, nem no sentido de guia...). Ainda que ele possa nos dar esta impressão. Pretende, sem dúvida, a formação, mais do que a educação, e de modo algum pretende qualquer disciplina. A in-disciplina é o lugar onde ele se inscreve, devorador e catalisador de ideias, perturbador da ordem acadêmica vigente (se nós que o lemos aqui na academia pensarmos bem no que estamos a fazer, já estamos em outro lugar...). Ele pretende favorecer uma experiência que vai além do livro e, por isso, espera que os leitores usem-no como queiram.

Uma ideia básica, porém, é que cada trecho encontre-se com a voz de cada um dos leitores. Por isso, o texto é curto e foi feito com base no pronome coletivo "nós". Nada de um plural majestático e vazio, mas de um plural que deve se realizar. Como se a experiência e a proposta de pensamento nele descrito pudessem realmente ensaiar o que se chama de "comum", ou seja, algo que é compartilhado por mais de um. Como se todos *nós*, ou vários de *nós*, passássemos (no passado, no presente, ou no futuro ao qual ele introduz) pelas mesmas experiências de pensamento ou, pelo menos, pela experiência de pensamento que pudesse ser compartilhada. "Ler-junto" é um modo de acessar este espírito de comunidade.

Cada trecho foi escrito como descrição de experiência de pensamento, mas exige que seja lido em voz alta, como certas poesias. Embora não seja poesia, trata-se de uma *poética do pensamento para ser falado em voz alta*. Cada um que lê deve encontrar o trecho ou a frase que mais o ilumina ou atrapalha e nela fixar sua atenção. A esperança é que *o texto acorde pela voz de quem o lê*. Se a filosofia é trabalho do conceito e encontro, não é possível pensá-la sem o trabalho da leitura que articula a voz. É na articulação das palavras pela voz que surge a relação.

Por isso, a voz é essencial. A voz é uma questão que precisamos urgentemente re-inaugurar em filosofia. Ela deve hoje ser pensada como uma categoria filosófica, ou seja, algo que, na prática, nos faz pensar desde que somos falantes e ouvintes. A voz está abandonada desde os gregos antigos, e foi mesmo recalcada nos tempos de filosofia moderna em que "filosofar" tornou-se, como hoje ainda é, um projeto solitário de alguns homens (e quase nenhuma mulher, diga-se de passagem) ilustres, que fechado em seus gabinetes transformaram a filosofia em escrita sem, muitas vezes, nem respeitarem a ideia de que, como escrita, ela seria definitivamente uma literatura.

Quais seriam seus motivos? Que medos, que angústias, que condições históricas e políticas, e mesmo existenciais, levaram ao surgimento de uma filosofia como literatura? Ou seja, como produção de textos expressivos de um autor que, protagonista da cena que ele mesmo criou, distancia-se dos que com ele partilham uma experiência temporal? Como podemos nos encontrar de novo após tanto tempo apenas trocando cartas feitas para poucos lerem? Podemos ler-nos como escritores ocupados em dizer algo como ideia cujo objetivo essencial é ser compreendida por outro? Podemos continuar escrevendo para estantes ou para as gavetas?

Trata-se de saber como a filosofia se tornou algo inoperante na prática, por força de sua história de descaso com a prática. E como ela poderia retomar sua força de criação de conceitos, expressão e, sobretudo, encontro de sentido em nível pessoal e político. Seria a filosofia uma ponte entre estes dois mundos?

Voz é a metáfora da expressão. Quer-se aqui um pensamento que adquira sua expressão (não concordância, nem mero acordo), pela sensibilização das palavras pela voz. A voz não é algo dado, mas algo que deve ser produzido. Ela equivale à entrada do corpo na política. É porque me expresso por meio de minha voz que alcanço o outro, que estabeleço com ele um laço. Todo laço, toda relação é política, em seu melhor sentido, toda antirrelação é destrutiva da política. Isto não quer dizer que tudo na vida seja político, mas que a política é o lugar da construção do que está entre nós. É a superação do abismo para o qual olhamos quando nos deparamos com o outro que desconhecemos ou o outro muito conhecido, mas que sempre parece um desconhecido, aquele aspecto inexplicável das experiências negativas de nosso tempo. Todo impulso de fala é, portanto, expressão em busca de superar este abismo. A expressão tem este significado mais profundo de colocar cada sujeito dentro da cena de seu tempo. Podemos, é certo, fazer isso com ética ou sem ela. Mas isso é outra conversa porque sempre precisamos primeiro da voz. Também podemos pensá-la como categoria que nos dá a chance de reintroduzir a ética na política.

E como?

Criemos a voz e nos relacionemos a partir da voz. Basta para isso deixar que ela apareça? Preciso movê-la, incitá-la como quem só pode mostrar sua dança ao dançar? A voz é o que só podemos conhecer falando porque a poderei ouvir quando falo. Minha voz é meu contato mais imediato com o outro, seja como lugar orgânico, seja como metáfora do poder-dizer/poder-ouvir. É por minha voz que, ouvida pelo outro, me reconheço como ser que produz nele efeito. Efeito que me retorna como aceitação. Fui ouvido. Dela, mais instância política do que apenas estética (ou de quando a estética funda uma verdadeira política), nascerá a liberdade que faz de cada um dono e senhor de seu destino, de palavras que são sempre ditas-ouvidas ou não são palavras.

1

●●●

Nada mais que pensar

Pensar em nada

•••

Pensar é algo comum. Todos pensamos. Não conseguimos sequer conceber que alguém possa não pensar, tamanha a evidência de que pensamos. Pensar parece um fato incontestável: está em nós, estamos nele. Qualquer um dele se apossa, cada um dele faz uso. E, no momento, tomados da notoriedade da circunstância, já temos a prova do que sutilmente questionaríamos na própria experiência: estamos pensando ao falarmos do pensamento, ao escrevermos sobre ele. Por isso, por ser tão evidente, por ser o primeiro de tudo, o tão imediato, o pensamento nem sempre nos importa.

O pensamento é, pois, a sua própria prova. Mas a prova não é suficiente. O pensamento encontra-se misturado a tudo o que sentimos e percebemos e, no caos cotidiano das impressões, sensações, medos, gostos, desejos, gestos, ações, o pensar afunda como mais um peixe desconhecido num mar, ele mesmo, desconhecido. O mar é a vida inteira em seu mistério e maravilha, o peixe é o pensamento perdido no cardume dos sentimentos e percepções, e a filosofia é o barco por onde tentamos navegar em expedição curiosa, atenta.

O pensamento é o material da filosofia. A filosofia é o pensamento que sabe a si mesmo para além da evidência de que se pensa.

Se simplesmente pensamos, mas não pensamos no "quê" pensamos e no "como" pensamos, ou seja, se não nos ocupamos em saber o conteúdo e a forma do pensamento que pensamos, estamos parados no tempo e no espaço sem ter aonde ir com o pensar. Não sabemos ainda de algo terrível: a certeza de pensar não basta. Ela simplesmente importa, pois nos situa, mas não muito mais que isso. Podemos dizer com Descartes, filósofo francês do século XVII, que por estarmos duvidando de tudo, e ser a dúvida um pensamento, que pensamos e, logo, por estarmos pensando, existimos. Acreditamos nisso sem precisar de grandes deduções como Descartes. O pensamento é uma prova, uma certeza necessária, a "verdade" inconteste, porque pelo menos disso não podemos ter dúvida. E quando não temos dúvida, acreditamos que estamos certos. "Certos", ou seja, plenos de certeza.

Mas não basta. De posse dela é preciso ir além, pois a certeza pode ser uma pedra que carrego ao bolso para armar o estilingue do argumento que será em algum momento útil ou uma pedra no meio do caminho que não me deixa avançar, coisa na qual tropeço. A certeza é parcial e estanque, algo que parecendo nos acordar nos põe a dormir. Mas como faço para acordar dela? Então deparo com dois tipos de certeza: uma à qual é difícil chegar, a que alcanço por dedução, seguindo um caminho de raciocínio e argumentação – quando se chega a ela é necessário, se quero filosofar, desconfiar novamente – e uma outra, a imediata certeza, a da evidência dos sentidos ou da evidência dos valores, dos conceitos, que precisa ser, inclusive, combatida. Ela pode ser a arma-mor de uma proibição do pensar quando ela me diz que o que é, é verdadeiro, simplesmente porque aparece vestido com a sedução da evidência. A evidência das coisas sobre a qual estamos sempre "certos" é o que primeiro nos engana e é o que, primeiro, precisamos desinstaurar quando começamos a pensar.

É preciso perguntar, pois a pergunta coloca em cena a dúvida. Podemos dizer que a pergunta é a encenação, a representação própria da dúvida. E a dúvida é boa desde que não seja transformada em certeza quando posso me transformar, eu que penso, num cético que tem certeza de que duvida de tudo e incorre numa contradição: a de tornar a dúvida uma certeza. A primeira forma de certeza, porém, aquela que buscamos de modo organizado, aquela que vem de um trabalho consistente com os conceitos e ideias, também precisa ser submetida ao questionamento. A verdade é, sobretudo, algo que se busca e a pergunta – que sempre nasce da dúvida, embora a dúvida nem sempre providencie perguntas – é o dispositivo de avanço do pensamento.

Quando sou capaz de dizer que tenho certezas?

Se penso, sou capaz de fazer uma lista de minhas certezas, do que é indubitável, mas não ficarei em dúvida ao fazer uma lista? O que posso incluir e o que não posso? Posso classificar minhas certezas? Mas qual o critério para chamar fatos, eventos, acontecimentos de certezas?

E se chego ao território dos sentimentos, posso ainda dizer que tenho certezas? Amo? Odeio? O que é projeção de meu ódio sobre outrem?

Façamos uma lista de nossas certezas. Descobrimos o tamanho de nossa incerteza?

Talvez eu possa estar certa de que sou capaz de fazer perguntas. Quantas perguntas sou capaz de fazer num dia só? Ou numa única tarde sem muito o que fazer? Ou numa única hora em que assisto à televisão? Ou nos poucos minutos que levo de meu quarto à rua? Ou nos segundos antes de responder uma pergunta?

Há algo que temo perguntar?

Quando penso, penso em perguntar...

Se não pergunto posso dizer que estou pensando?

É preciso perguntar quando o pensamento avança... (mas o que significa uma frase como esta?)

Neste ponto estamos diante da relevância da pergunta. Mas antes de chegarmos a uma análise da pergunta, o que seria uma precipitação de nossa parte (ou um grande atraso, pois o que temos desde o início é uma grande pergunta que desencadeia todo esse processo aqui descrito), é preciso atenção ao fato de que a filosofia é a liberdade do pensar, e que pensar começa com o pensar em nada. E que pensar, no seu sentido mais comum é algo que se dá quase que sem direção...

...como deixamos acontecer no parágrafo anterior.

Por isso, aqui, vou me deixar levar pelo pensamento e, atentamente, descrever o que penso:

(Isso mesmo, vou descrever o que penso, eu mesmo; primeiro eu, depois você).

Voltemos a simplesmente pensar, livremente pensar...

No vago do pensar temos apenas a evidência de pensar e podemos provisoriamente aceitá-la. Penso, logo penso, é um axioma, ou seja, uma verdade absoluta. Haverá alguma verdade absoluta? Posso usar esta palavra deste modo?

Absoluta ou não, é certamente "tautológica", pois não me diz nada além dela mesma; bem aproveitada, porém, pode levar-me a algum lugar. Onde?

Ao pensar devemos nos deixar levar pelo pensar quando ele se apresenta como um estado "natural". É como se simplesmente sentíssemos que pensamos quando podemos dizer de dentro de um emaranhado de fios de imagens desconexas "estou pensando, não sei bem em quê". Alguém pode nos perguntar "em que pensas?", responderemos "nada". Pensar então não é mais que um vago, uma sensação de pensar, como se o raciocínio perambulasse entre imagens, lembranças e sensações, névoa por todos os lados onde seria de se esperar algo certo, e andasse – em inícios sem fim – em círculo fechado, sem sair de si. Talvez por isso Fernando Pessoa tenha dito que "pensar é estar doente dos olhos". O poeta queria designar o pensar como estando em sua própria caverna, olhando para seu próprio umbigo, como sendo o que não vai além de si, que se basta a si e, em certo sentido, se perde em si. Pensar, no começo, é esta estranha ação satisfeita no seu próprio espelho.

Pensar-ao-mesmo-tempo-que-pensar?

Nada mais? Olhos que olham a si mesmos se bastando com a visão do avesso das pálpebras? Seria esta a melhor metáfora do pensamento?

Eu penso (quando estou só)

•••

A filosofia não inicia sem uma profunda sensação de solidão. É o pensar que a carrega. Pensar em nada é a primeira noção que tenho do pensar. Eu só comigo mesmo e o mundo ainda indisponível. Penso em nada e sou eu mesmo esse nada ainda não descoberto como tal. Mas me sei e, quando procuro meus pensamentos, me chamo como um bebê chamaria a mãe, um crente chamaria a Deus. O modo como penso é a maior revelação do que sou para mim mesmo.

Mesmo estando com uma sensação de nada (há quem nunca tenha sentido algo assim) não me dou o nome de "nada", antes já possuo o nome "eu". Um nome bem primitivo. Eu e nada é quase o mesmo neste ponto do processo. Com a diferença de que "eu" é um nome para o nada. Penso em nada, pois nada é tudo ao que tenho acesso. Isso significa que tudo existe, mas que, por ora, só a imprecisão, a "vaguidão" das coisas se me apresenta. Pensar em nada é, então, como estar só. Quando estou só, as pessoas não deixam de existir, mas minha única posse é a ausência de todas elas. Como vivemos em meio ao Tudo e aos Outros, ficar só é algo tão raro como pensar em nada.

Presto atenção no fato de que penso quando me dou conta de que algo falta. Deixo que outros pensamentos corram em paralelo até que esqueço deles. Mais que pensamentos são impressões paralelas. Não é bem um esquecimento, pois na verdade não houve trabalho algum de memória, sentido nenhum de lembrança. Se não perco de vista os pensamentos que me invadem não é possível avançar. São simplesmente pensamentos, não posso ainda saber o que me causam. Nem de onde são causados. Só quando souber o que me causam saberei que os pensamentos me tiraram do nada, ou seja, de meu estar só. Nesta hora nem sei quem sou, nem o que está ao meu redor. Deixo que tudo passe e espero que algum fio permaneça espontaneamente fixando-se no que penso: por enquanto um fio suspenso entre o nada e a coisa nenhuma. Estou à deriva. O pensar busca um conteúdo e escapa aos conteúdos sem que eu possa decidir sobre isto ou aquilo. Devo evitar os conteúdos como alguém que medita no nada se quiser saber o que é a "forma" do pensar, mas o nada já está ali e não oferece resposta além da sensação dele mesmo.

Há prazer nesta experimentação do nada.

Quando percebi a existência do nada?

Ou o nada nunca me disse nada?

Posso descrever minha sensação de pensar em nada?

Quero descobrir o que é *simplesmente pensar.*

Posso até sentir certo medo. No mínimo o medo de ser ridícula, além do medo da inutilidade do que experimento, e se tenho essa sensação tenho vontade de parar. De certo modo, sei o que é desde que creio que penso. Mas penso em parar. Não paro, pois já fui atingida pela curiosidade. Quando penso em parar, conheço o cansaço próprio ao movimento de avanço. O cansaço de pensar pode vencer a curiosidade quando toma os sentidos e impede o avanço da percepção. A realização da filosofia depende da superação constante do cansaço de pensar que é oposto ao ímpeto do pensamento. O pensar em seu avanço se dá como um jogo de forças entre o desejo que o move e o nada.

Sócrates nos primórdios da filosofia chegou a uma conclusão muito útil ainda hoje: "sei que nada sei", mas isso eu já sei de antemão sem ter atingido nenhuma sabedoria. É uma verdade que está dada ao início do processo do conhecimento e que, todavia, é o lugar ao qual se chega quando se avança buscando conhecer. A curiosidade é o que move essa descoberta, ela desoculta o óbvio daquela verdade primeira, dada, mas ainda não elucidada. A *curiosidade* não é mais, neste momento, do que o *vir a ser do pensamento*, a expectativa do instante posterior do que estou experimentando. *A curiosidade é um desejo de continuação.* Um desejo de ir além do que sei, do que sou, na direção do que desconheço. Ela é *poder* no sentido de uma *potentia*, de um vir a ser. O pensamento é um movimento em direção às coisas, seu estado primeiro é a solidão, mas uma solidão sempre superada em direção ao que não é pensar: aquilo que os filósofos chamam *ser*.

Lá, além do pensar está o que interessa ao pensar, e ao que interessa chamamos *ser*. O que é (o ser é o que é) é o mais difícil. E quando supomos ter chegado nele descobrimos que existem outras camadas, que há como que "mais ser", e além dela outra camada, e outra, e outra, e outra. O que é, é composto de diversos "és". Algo que busco e ao buscar descubro cheio de fendas, frestas, dobras, vãos, camadas. A cada palavra que encontro para designar o que descubro, descubro junto que a própria palavra é insuficiente para dizer o ser e assim o que ainda posso chamar ser é o entrelaçamento entre a tentativa e a frustração de sabê-lo... e passa por entre palavras... o que chamamos ser está entre o desejo do ser e a palavra que o diz ao não dizê-lo. Ou não o diz ao dizê-lo.

Quando me percebo dizendo o que vejo e quando digo sem saber?
Quando sou dono de minhas palavras?
Quando elas são donas de mim?

Platão falava em Eros: desejo de ir além do que é pelo pensar. Precisamos de palavras que possam expressar o que pensamos. Mesmo para encontrar as palavras já precisamos de curiosidade para buscá-las. A curiosidade, todavia, não é nenhum "desejo" inato de saber, nenhuma aptidão natural do espírito humano, é apenas o desenrolar do processo que faz parte do que chamamos corpo. Como um coração que bate, um pulmão que se infla no processo de respiração, nosso sistema nervoso e o significado que dele se expõe nos faz "pensar".

Pensar, todavia, é a capacidade de saber-se e saber as coisas e que aparenta nos levar além do corpo. O corpo é uma boa metáfora para o pensamento. Dele sabemos pouco e dele temos muita curiosidade. Para sabê-lo precisamos saber o que ele não é. Olhamos ao redor, pensamos em tudo e, no fundo, o que há é o corpo pleno de todo mistério. Ele parece – ainda que a pura materialidade que sentimos em nós – algo sumamente abstrato. Ao mesmo tempo, se por meio dele constituímos um mundo concreto e prático, ele – sendo cada um de nós – é o que há de mais intangível. O corpo é o que nos surpreende a cada vez que a partícula primitiva de nomeação das coisas, o eu, se desdobra em sua insuficiência.

Pensar não é nunca óbvio. Nem imediatamente puro, nem imediatamente simples. Pensar o corpo é um extremo dessa experiência do que escapa ao óbvio parecendo, todavia, óbvio.

Como faço para falar de meu corpo?

Habito o mistério quando me dou conta de meu corpo. Quando me sinto *sendo o meu corpo* o que é ainda o *meu corpo?*

Pensar é o nosso primeiro gesto ilusionista.

Pensar é uma disposição curiosa e, além dela, algo se promete. Do pensar nasce um mundo. A curiosidade é a mola propulsora do *"mais pensar"* e o pensar a *ação do saber*. Há algo de misterioso nela que se liga ao que se chama *mistério das coisas*. Talvez não exista mistério, mas podemos pensar nele. A curiosidade parece uma atmosfera estranha de mistério que é o que experimento como se, a qualquer momento, um monstro fosse arrebentar as paredes de onde estou. A curiosidade é a relação que temos com a falta do saber que instaura o desejo de saber. Mas tudo o que é mais que pensar atrapalha o meu "mais pensar" e preciso correr atrás da pura imanência de pensar como uma revelação prometida.

Quando estou só eu penso, penso em nada, penso que penso, penso em qualquer coisa. Olho as paredes brancas, os vidros translúcidos, os móveis abandonados a si mesmos, mas não os vejo, por que estou perdida em mim e não me vejo nem me sei.

Ou me sei mais?

O método: ver e imaginar

•••

Devo novamente abandonar os conteúdos que se interpõem no processo. E os conteúdos, as coisas dispostas ao redor, chamam, impõem-se. Se cuido do que ouço, se presto atenção: há um grito das coisas que me ensurdece. Ando em círculos e não posso fixar-me no caminho que sigo. Sinto-me como as moscas que voam em círculos, as coisas tontas: algo que ronda em torno de si sem saber onde ronda. Preciso compreender minha própria surdez, minha apatia. Este não saber é tonteira, vertigem. É nela, porém, que posso descobrir a fonte do pensamento. Imagino neste ponto, num ato de fantasia, que o pensamento surge de um ponto, como que jorra de um nascedouro. O termo "fantasia exata", usado por Leibniz no século XVII, também foi utilizado por Theodor Adorno no século XX para falar da imaginação que acerta na mosca quando se trata de inventar um conceito. Uma capacidade humana de inventar termos, conceitos, ideias que iluminem de uma vez um problema. Uma espécie de resposta fulgurante que se dá como que numa iluminação repentina, num *insight*. Localizamos tais ideias quando sentimos um imenso prazer em tê-las. Boas ideias sempre dão uma boa sensação, como a de comer chocolate ou dançar.

Mas já aqui, na fantasia, nas analogias e comparações, estou a pensar, penso que o pensamento vem de algum lugar, mas não sei que lugar é esse. O pensamento pode ser o nascido e não o nascimento, ou seja, o produto e não o processo. De onde vem esta necessidade de pensar o resultado? De uma lógica de fins, do que chamamos teleologia, ou seja, o que tem telos, fim, objetivo. Estamos diante de uma lógica que necessita de ordenamento. A ordem é sinônima do sistema das coisas. O sistema é um modo de ordenação. Mas não estamos aqui tratando de uma compreensão prévia do mundo onde tudo tem seu lugar já predefinido? Para saber o pensamento, sua origem e fim, seu "só ser" eu deveria poder escapar ao "pré-definido", ao campo prévio no qual o pensamento ocorre. Do seu "pré-estabelecido". Para enfrentar o pensamento devo cuidar do processo, do "como" chego aonde devo ir, mesmo que o destino não esteja previamente traçado? Não será esta uma condição do que ainda podemos chamar de verdade?

Método é o nome que os gregos davam para caminho.

Não devo supor a revelação de algo em meio ao mecanismo do pensar mesmo que a curiosidade seja a promessa de algo novo. Estou no meio da curiosidade, entre a ameaça e o suspense. Como se tivesse uma corda bamba sob os pés. E devo enfrentar a vertigem. Neste ponto, a vertigem faz parte do método. Método é o nome que se dá ao pensamento que fica entre quem quer conhecer e o que pode ser conhecido.

E, no entanto, é só o pensamento abrindo as portas do mundo.

E o mundo um vasto território onde floresce toda sorte de cegueiras. A vertigem é a salvação da cegueira, quando há vertigem não há cegueira.

Para chegar ao cerne do pensamento eu devo suspender tudo que não é pensamento. O que significa dizer que, agora, a suspensão é parte do método. Mas mais que isso, é seu início, sua fundação. Notemos que o pensamento não é algo que se sabe de antemão, mas o que vai se sustentando num esforço de depuração (lembremos a metáfora do mar), ou seja, ele se mostra na medida em que é procurado. Mas isso não quer dizer que o pensamento seja o que há de puro, e sim que fazemos um esforço de isolá-lo para reconhecê-lo, como teríamos que fazer caso quiséssemos conhecer a expressão, ou a ilusão, ou a tristeza, a alegria, a vontade, enfim, qualquer coisa. O esforço que fazemos é ele mesmo parte do método que constitui o que chamamos de pensamento.

Desde o começo deste processo estou num vazio ditado pelo cheio das coisas que é o mundo ao meu redor. Não sou as coisas, não sou o que vejo, não sou o que está ao meu redor. Há algo em mim que escapa do mundo e da vida até agora disponível, da vida que herdei ou construí. O que me cerca me oferece tanto a comodidade como o incômodo. Eu poderia me mimetizar ao todo das coisas e sei que sou igual ao mundo que vejo, mas, ao mesmo tempo, por ver este mundo, mesmo sendo evidente que estou dentro dele, sei que não o sou. Se fosse não poderia vê-lo. Mesmo que ver o mundo não seja a prova de que ele existe fora de mim ou eu fora dele, o fato é que vivo disso que, no mínimo, é uma impressão. Descubro, assim, um problema: sou o que não posso ver e o que vejo é o meu negativo. Mas isso não quer dizer que o mundo é meu objeto e eu um "sujeito" capaz de manipular o mundo: sou uma mancha, uma pincelada dentro do grande quadro do mundo.

Por um esforço de fantasia posso até imaginar-me passeando dentro do mundo, como num quadro. A este modo de experimentar o pensamento podemos chamar "função de espelho" do pensamento, ela é trabalho da imaginação, sem ela, não conhecemos o mundo e não nos reconhecemos dentro dele.

Eu estou ali e, todavia, estou aqui. Sou o que vê e o que imagina, ou se imagina como visível. Eu sou eu e esse eu que imagino é uma espécie de outro, sou meu mesmo e, também, meu próprio diferente. Mas se vejo entre o que imagino outros que não eu já não tenho parâmetro para definir a diferença entre ele e eles. Quem sou eu: meu eu, meu outro eu, quantos eus sou eu, eus, posso dizer meu eu, e meu outro? Ou o outro-outro?

Como vemos, esta é mais do que uma mera equação racional e que já vem pronta para usar.

O pensamento do vazio e o vazio do pensamento

•••

Descobrindo quem é esse eu que pensa poderei desvendar mais um aspecto fundamental do processo de pensar e seu caminho. O que tentei até aqui é não ser engolida pelo cheio nem pelo vazio das coisas, mas entender sua engrenagem e deixá-la expressar-se. Porém, ao chegar ao fundo do processo, pensar aparece como insuportável, não por ser uma ação difícil, não pelo cansaço que precisei superar a cada vez, mas por seu vazio. Vazio que vem de ele ser uma ação em si mesma. O vazio é bem mais fundo que o cansaço. Pois se o cansaço vem de um excesso das coisas, o vazio é o seu contrário, ou melhor, seu outro lado. Ele só aparece quando o todo das coisas deixou de ser cansativo em função da depuração sofrida, após a tentativa, após a busca, o que tenho é o buraco deixado pelo cansaço que se retira. Não estou cansada, é outro o nome do devir desse vazio. Após o esforço de conhecer há a resposta e, como no prazer alcançado, um tédio. Mas o tédio é apenas o nome bom da experiência do oco sem tragédia. Um oco que adveio. Não é a falta do sentido, apenas a lacuna. O tédio – podemos ainda definir – é um tempo específico, o tempo em que o oco jorra do mundo como fonte interminável de solução: não há mais o que buscar.

Quando estou pensando, a toda hora, o tédio bate seu tambor e, por isso, ilude-se quem acredita que o pensamento é um rio que corre solto sem obstáculos. O tédio é o fruto da resposta, mesmo quando ainda não houve pergunta.

O tédio, como dito, vem do vazio... (devemos pensar mais nisso) e produz um novo modo de vazio.

Algo habitaria o centro do vazio? Não, o vazio é o nome do que não possui nada dentro, o vazio é oco. Mas quando me dou conta de que nada posso tirar dele e, todavia, o tirei de algum lugar, então o vazio é um produto do meu pensamento, mais do que o lugar de onde ele surge? Mas se o vazio é o produto do meu pensamento e, todavia, meu pensamento é cheio de respostas, de perguntas, de reflexão, de que vazio realmente se trata? Como pode um vazio ser tão cheio?

De que fato ou de que sensação, ou de que impressão se trata?

Algo absoluto e de aparência incontornável é o que me ilude agora.

Canso-me de pensar simplesmente e dirijo-me às coisas para fugir do vazio. O tédio não me atingiu, pois ainda há curiosidade. E embora eu possa pensar nele e o descubra como parte do método (ou o fim do método, pois é difícil que dele se saia, a não ser pelo nada ao qual nos leva), ele não é o soberano viés pelo qual o mundo se desdobra. Por que fugir do vazio se até aqui ele se revelou tão generoso? Me levou a passear pelo reino do pensamento... Quantas vezes, ao pensar, me darei conta dele? Poderia repeti-lo ao infinito e sentir-me absorvida por uma verdade incontestável. O vazio é o que posso desdobrar e transformar em pensamento. Ele não é mau nem bom, mas algo para além de bem e mal. Como uma roda sobre a qual se anda em rapidez variada. A roda que veio, como invenção, mudar o mundo é agora uma alegoria do nada, um modo de entender o que nos move, sobre o que nos movemos. O movimento que nos sustenta. Movimento como fundamento.

O vazio é movente, é o fundamento do movimento. E quando falamos em fundamento estamos dizendo do solo sobre o qual andamos. Sobre o que me movo? Há algo sobre meus pés?

Quando me movo, porém, posso dizer que sei que me movo?

E se me movo com desejo de me mover é o mesmo movimento?

E se procuro vincar a inércia, abrir uma fenda em seu muro com meu corpo assustado posso dizer que danço?

Quando danço?

Quando me movo?

Quando penso? Quando realmente penso?

O pensamento descobre-se entre o susto do vazio e a vontade de impedi-lo devassando-o. E está, todavia, dentro dele (não porque as coisas sejam o vazio, mas porque o vazio é, dentro do mundo das coisas, o espaço onde pode ocorrer o pensamento). O pensamento avança como uma espécie de *horror vacui*, o horror do vazio, que, entretanto, fá-lo surgir. A filosofia neste momento é uma construção em que prazer (escapar do vazio) e desprazer (enfrentar o vazio) de pensar se unem.

Para muitos o vazio é a verdade. Se eles não sabem disso vivem o que podemos chamar, lembrando de Hannah Arendt, de vazio do pensamento, que é o oposto do pensamento do vazio. Ele significa que alguém foi engolido pelo vazio e não tem como escapar, pois perdeu a capacidade de pensar o vazio e, por isso, é determinado por ele. O que fazemos enquanto pensantes e pensadores é inverter essa posição em que, dentro do vazio, não podemos percebê-lo e somos a cada instante, por ele medidos, como que destinados.

Uma pergunta, todavia, não me deixa em paz: o que é esse nada que pode estar dentro do vazio, em seu centro? O nada é o nada, ora me responde a voz satisfeita da lógica. Não há nada no nada. Mas a voz da imaginação pede um sinal. A lógica em seco é autoritária, sem liberdade. Por isso, a imaginação exige formas desdobradas que ultrapassem a lógica: formas como asas. Enquanto a lógica fecha, a imaginação abre. A imaginação não é a mera ilusão das formas que podemos pôr nas coisas quando elas não nos satisfazem, quando queríamos que fossem diferentes: há um ato de imaginação que compõe a filosofia e que, em relação de comércio com a lógica, promove o conhecimento.

É preciso inventar conceitos para descobrir o mundo, o que me cerca, o que estrutura a vida. Assim como invento movimentos para dizer o corpo além do corpo quando danço. Quando danço e quando penso o que procuro é um "mais", algo que me leve além. E sempre que penso algo impensado resta, assim como quando me movo algo inerte sobra, assim como ao dançar uma parte do corpo sempre fica fora do ritmo. Mas quanto mais penso, movo, danço, menos percebo esse rastro. Só o pensar deixa clara essa sensação.

E, com isso, volto ao vazio, tentando compreendê-lo com o condão da imaginação e da lógica. Com isso, posso imaginar que o vazio possa ser dito de um modo a não ser o nada de si mesmo.

Inventar conceitos

•••

Aqui já devo estar me perguntando o que é um conceito de alguma coisa. O que significa "conceito"? Usamos a palavra conceito para dizer que há uma compreensão, uma "concepção" de algo. Que algo que está fora de mim, que não sou eu, é, de um modo abstrato e "mental", acessível para mim.

O conceito é como o desenho de algo que vejo. Uso uma linha para dar lugar a um conceito de algo. Uma palavra ou palavras arranjadas como frases (ou proposições) também podem configurar um conceito. Quando tenho uma imagem para explicar algo, o conceito não deixa de estar presente, mas a imagem, ela mesma, tem dentro dela um conceito. O conceito seria o seu sumo se pudéssemos encontrar a essência das coisas que vemos. O conceito não está lá nas coisas como algo que simplesmente extraio delas, mas é uma espécie de modo com que o pensamento e o pensado estabelecem conexão.

O pensamento atinge a coisa pelo olho que passeia sobre as formas, ele vai nascendo à medida que o olho passa e estabelece relações com a forma-traço ou a forma-palavra. O pensamento é o responsável pelo uso de tudo o que é extraordinário à relação que já está desde sempre estabelecida mesmo que eu não tenha consciência dela. O mais comum é não termos consciência das coisas, é passarmos a vida sem saber o que fazemos no mundo, tão mimetizados com tudo que não nos damos conta de que existem laços atados e laços rompidos entre nós e nosso entorno. Se sigo com o olhar a vagar pelas coisas que existem penso que estabeleço conexão, mas na verdade me torno lúcido das conexões preexistentes, a ponto de que, avançando mais e mais, posso me dar conta das relações que não vi, mas também das que reprimi, das que ocultei, das que neguei, das que fingi – para mim mesma – não saber que existiam. Se não sei das conexões existentes posso me tornar prisioneiro delas.

É claro que também posso configurar conceitos com o trabalho de percepção de outros sentidos como a audição, o tato, o olfato, a gustação.

Invento, portanto, os conceitos como modos de entender o vazio.

Mas entender o vazio não é desocultá-lo e sim buscar seu desocultamento sobre o qual a garantia de certeza é o que menos importa. A certeza não passa de um possível que não depende de minha capacidade de comprovação lógica. A certeza vale em lógica, e para a lógica, mas compreender o mundo é mais do que compreender sua lógica. Esta é apenas uma parte das questões.

Se o vazio for só a repetição do vazio, se para dizê-lo eu não precisar dizê-lo, terei entendido o que ele é: o nada, o oco, nada mais é do que o que não preciso explicar, o que não carece de alteridade, de qualquer "outro". Nada, nem uma volta, nem uma dobra, nem uma fresta. Ele seria, então, ou pura tautologia, ou o núcleo do não saber, ou o nada inexpressivo, ou um enigma lógico (o que diz respeito a regras de pensamento) mais do que ontológico (que diz respeito à estrutura daquilo que é, ou seja, o que chamamos ser). Lógico, ou seja, algo que possui sua solução em si mesmo; ontológico, ou seja, algo que existe em si, por si e para si. Mas se o vazio for uma metáfora poderia eu experimentar algo como seu potencial criativo? O nada é um dispositivo de invenção. O oco é a imagem que já descobrimos, ele requer suas próprias palavras.

Uma das palavras que usamos até aqui é o eu.

Eu e o vazio

•••

O eu habita o centro do vazio. É o seu nome. Não posso seguir com esta única e abstrata palavra, pois, quanto mais me aproximo dela, mais ela se torna vaga. Ainda assim, sigo. A curiosidade mostra o sentimento de insuficiência numa suposta evidência do eu. O fato de que ele não está lá a não ser como algo posto no lugar do vazio.

Em vez de dizer eu, digo vazio. Digo eu quando suponho preenchê-lo. Então, quando digo eu, se quero dizer por inteiro, fico apenas com a palavra. Para que outros entendam digo eu e aprendo a referir-me a mim, ainda que por dentro da palavra não haja nada além da história daquilo que ela designa e da capacidade de invenção que ela designa.

Sigo pensando, pois quero descobrir como estou pensando, se posso escapar do vazio ou se terei de me limitar a ele. Dou-me conta de que preciso das coisas que me podem oferecer a imagem do meu pensamento. Sem conteúdo, sem o que pensar, eu não descubro a forma do pensar. Quando, porém, em busca das coisas, quero concentrar-me nelas, já não é simplesmente possível. Nem o vago, nem o certo, nenhum dos dois me dá a medida exata do que se passa. O processo do pensamento vai se revelando como uma dança entre pensar e não pensar, entre parar e prosseguir. Entre a forma e sua falta. Os pensamentos fogem e o que estou pensando, agora vazio, me assusta. Chamo vazio a uma portentosa ausência. E me apercebo de um fato grave: quando no vazio o cheio se impõe, quando buscando o cheio, é o vazio que se estabelece. Um grande vácuo onde não surgem nem perguntas nem respostas. As coisas estão à minha frente, mas a névoa da ignorância as recobre e seu nada me chama. O nada das coisas é devorador. Quando começo a pensar sou engolido por ele.

Até aqui estou solta diante das coisas e da possibilidade de saber sobre elas. Sou um elemento interior ao mundo e a ele exterior. Nenhuma garantia de que eu possa ser mais que "algo" entre seres.

"Eu" é sempre a palavra onde me seguro e que nasce do deparar-se com o nada além.

Estou "boba" diante das coisas. Como quem acorda de um sono profundo e ainda não se deu conta de onde está. O gesto do pensar jogou-me num limbo que antecede o encontro com as coisas. E elas estão ali. O pensar é, neste momento, a tão prometida antessala do conhecimento.

Ver e ver-me com outros olhos

•••

O conhecimento é só uma promessa, um futuro, um buscar.

Certa da palavra que me recobre, sinto-me descoberta.

E agora, eu é que estou diante do mundo a descobrir. Pois se sou uma palavra, haverá palavras além da minha que digam das coisas que vejo. No tempo, no espaço, vejo-me solta como um grão de areia entre outros. Uma palavra entre outras palavras. Não sei o que é o que vejo. Vejo, mas tudo é sem forma, ou é a estranheza de uma anamorfose. Uma imagem distorcida que, para conhecer, eu precisaria recompor por algum artifício como um espelho ou a descoberta de um ângulo.

É preciso mover os olhos, alterar a perspectiva. Descubro que ver é prazeroso, simplesmente ver, de um lado, de outro, de olhos mais abertos ou mais fechados, de cima, de baixo, de viés. Descubro que as coisas têm diversos lados, formas, jeitos (ainda que tudo seja enevoado como quando desmaiamos), e começo a me divertir com o branco sarapintado. Nestas horas, um mero copo de vidro pode se tornar esplêndido, um ovo, como descreveu Clarisse Lispector, pode ser um objeto metafísico, um espelho pode ser assustador, um inseto, uma porta para a ficção, tal o grau de envolvimento com a própria percepção em que me encontro. Dizem que as drogas podem promover tais sensações, mas como dizia Benjamin, que conhecia muito bem os efeitos do haxixe, e que também afirmava que o pensamento é um narcótico iminente, a mais poderosa de todas as drogas somos nós mesmos que tomamos quando estamos sós.

As coisas diante de mim são o que posso saber, mesmo que sejam somente ilusão, são o que estão em meu campo de visão. Não há outro mundo e preciso aceitar este. Não entendo por que precisaria supor a existência de um outro mundo (é uma ideia que me vem à mente). Renasço do vazio (dele fui expulsa apenas porque passei por um processo, pertenci a uma história, fiz uma experiência) como quem é parido e respira pela primeira vez. Meu renascimento tem o nome do susto. Os gregos o chamaram de Taumas. Estou livre, vejo coisas novas. Não posso parar de pensar; mas agora o arranjo entre o nada e as coisas se batiza "perplexidade". Disponho de um arsenal parcial para compreender o mundo: luzes, sons, cheiros, sombras, palavras, imagens, cacos do visível a procura de algo que os cole.

Estou no meio de um medo fundo. Um medo do escuro que em meio a tudo também há do que vejo, mas não concebo.

Certa de que o vazio não é a única realidade, pois fui invadida do que pensar, mas sem ter como, percebo que o nome eu é mais um elemento em meio à confusão. Eu é a pedra sobre a qual me ergo para olhar o que há no charco onde naufraguei cedo demais sem saber como vim dar nele. O eu não é, neste ponto, algo que estava dado, mas o refúgio diante do esfacelamento do que está visível. O pedaço de madeira num naufrágio de onde me ergo à procura de terra à vista. O eu é botão de flor que desabrochará suas pétalas e mostrará seu núcleo de sementes em estado primitivo. Uma flor selvagem que brota no deserto, no mar feito deserto. Descubro que ele é um buraco negro que suga tudo para si – uma busca de preencher um vazio – e também algo que, invertido, eviscera o que nele foi gestado. Um útero de onde devo escapar, mas sem o qual não haveria o meu advento. Me entrego ao meu pensamento romântico, do romantismo quando sensação de menoridade diante do pasmo da existência: o que posso pensar? O que posso eu pensar? O que só eu posso pensar?

O pasmo da existência surge como percepção do abismo entre pensar e ser. Oposto ao eu está o mundo e entre eles uma ponte a ser construída. O eu está dentro do mundo ou projetando um mundo ou sendo o que dele se projetou. O eu é como um resto, um sintoma, o espantalho montado sobre frangalhos e farrapos para espantar monstros ou os pássaros da plantação onde cresce o que deve e o que não deveria crescer. O mundo é a plantação de girassóis e lírios, roseiras e feijões no mesmo canteiro. E entre eles inço e capim de toda sorte e pedras onde a semente também degermina.

Sem que existisse um eu, poderia haver pensamento? Certamente podemos imaginar outros modos de pensar que ultrapassassem esse invento linguístico. Mas o eu é o que – na lógica determinada pela matéria, que é a língua com a qual se expressa o pensamento – acompanha as elaborações do pensar, é um sustentáculo diante da diversidade do que existe. Uma esperança de unidade. Nada mais que um chão cujo fundo nos escapa. O sem fundo sobre mim, define-me como algo sobre nada. Sou um positivo sobre um negativo, mas como não há como dizer que o sem fundo não existe, mas antes que existe como um sem fundo, percebo que eu não sou o sem fundo. Sou o que não é outra coisa, portanto, sou o negativo de outra coisa que é.

O que é agora conhecer eu mesmo ou a mim mesmo?

É estar no meu ponto de vista.

Em mim

•••

Percebo que eu não sou porque há algo além de mim. Algo que vejo me leva a saber que há algo que vê e o que vê sou eu que vejo. Mas o que seria "eu ser" algo? Não há "eu ser", na mais apropriada desinência "eu sou", que não se funde em "eu vejo". Vejo, logo sou, ou, sou algo que vê. Uma formulação mais primitiva do cogito cartesiano. "Eu" é um mistério, um certo enigma a desvendar, mas quando se sabe que ele vê parece se tornar mais claro. Posso dizer que o eu é essa referência que sustenta o ato de ver e o ato de pensar.

(Pensar é um ato, já percebemos isso?)

Neste caso, o eu não é tratado como uma instância, ou substância, ou parte de um todo, mas é o lugar de uma referência, é a palavra usada para dizer do lugar que ocupo, da circunstância que sou em relação a outros que não são eu, mas, eles mesmos, são "eu" neles mesmos.

Quando Sócrates leu em Atenas a frase "conhece-te a ti mesmo" sobre o portal do oráculo de Delfos e resolveu elevá-la a lema filosófico, estava determinando o sentido de um longo processo em que a crença na interiorização, na viagem para as profundezas de si, revelaria a verdade de cada viajante.

Mas que verdade? A verdade que podemos conhecer? A verdade que nunca saberemos?

Sócrates propunha a verdade de si como busca própria da filosofia. Não dava uma resposta ao que somos, nem fazia uma pergunta. Dava um conselho, ou imperava. Não é possível saber. É claro, no entanto, que o começo da filosofia que ele propunha não era racional, nenhum construto lógico, nenhuma dedução, mas a frase (talvez a principal já que coroando a porta de entrada e saída) de um oráculo, uma frase revelada e reveladora. Sagrada, plena de evidência, como uma verdade que se sabe ao chegar e ao sair, não importando o que aconteça enquanto não se sabe dela. O portal nos diz, conhece-te-a-ti-mesmo para indicar que tal saber é a própria travessia, não a resposta, nem a pergunta, mas a transição entre elas. Ao mesmo tempo, ainda que verdade como princípio que está no começo, e também no fim, a frase é inconclusiva, sugere um processo, um caminho, sem mostrar se há real possibilidade de encontrar o si mesmo a se conhecer ao fim.

O objetivo da proposição exposta é, neste caso, conhecer o que ela propõe, mas, sobretudo, fazer o caminho, como já experimentamos, a filosofia é a perseguição de um método.

Eu sou o que busco no processo do conhece-te a ti mesmo sem que possa saber o que é o processo além do fato de que se possa buscar.

Por isso, talvez antes de Sócrates, a proposição do I Ching exposta em tom seco seja a que mais se parece a uma resposta: ninguém conhece a si mesmo.

Deveria eu desistir de "*me conhecer*"? Não se trata disso, mas de ter atenção a um fato do conhecimento: apenas posso conhecer detalhes do que sou, ou o que não sou. Ou posso conhecer onde não sou. Do que posso dizer de mim há sempre algo que resta, que sobra, algo que é "não dito". Sou, por isso, minha própria incógnita. Mas sou também o que me torno no processo de conhecer. Sou o que contemplo como acreditavam os orientais. O Eu e o Si mesmo são absolutamente negativos, ou seja, deles só se pode saber pelo que não se sabe deles, procurando fora deles a sua determinação negativa, os contornos e os limites do que está fora.

Então, o que posso conhecer?

Na República de Platão, o filósofo é aquele que acorda da escuridão para a luz, e atravessa uma porta.

Fora de mim

•••

Se penso no mundo? Se penso na vida? É muito comum pensar – assim, quase como ao se pensar em nada – no mundo, na vida. Mundo é um nome muito pequeno para o muito grande, o estranho que me aninha, está fora de mim. Depende, entretanto, de mim, que o penso para ser pensado, mas não para ser. É dele que me assusto. Com o conceito de mundo se define que os limites do meu pensamento fechado em si mesmo foram superados.

Há algo além de mim, um outro vazio? Um vazio que acolhe o meu vazio. Um cheio que me nega? O mundo é uma ideia metafísica, uma ideia que me coloca para além da imediatidade dos meus sentidos, ou seja, o fato de que meus sentidos me são próximos demais, tanto que me confundo com eles. Os meus sentidos que me prendiam a mim me mostram que há algo fora de mim. O meu pensar, que é o que está em mim, que me liga ao fora de mim, oferecendo-me a possibilidade de saber que há algo além. Estou, então, *fora de mim* desde que me descubro um ser pensante. Só assim posso me saber. O mundo é o que apenas posso pensar, não posso tê-lo, posso vê-lo, mas apenas em parte. Chamo mundo muitas vezes tudo o que não sei. Mundo é o nome de uma eterna novidade da qual falava o poeta Drummond.

O mundo é o conjunto do desconhecido e do conhecido. Melhor chamá-lo "meu mundo". Cosmos era o nome que lhe davam na Grécia. Podemos traduzi-lo por ordem. Meu mundo pode ser a "ordem" que eu consigo atribuir às coisas. Ou o conjunto das coisas que, enquanto organizadas, posso compreender. Eu poderia fazer uma lista de tudo o que compõe o meu mundo, mas a lista só teria sentido pelo conceito de lista, pela possibilidade de forjá-la como um agregado de coisas que fazem sentido entre si.

No século X no Japão, uma escritora chamada Sei Shonagon fez um livro enorme e cheio de listas. Não é possível dizer se *O livro de travesseiro*, o diário no qual ela compilava suas ideias, tinha alguma intenção metafísica de fundamentar um mundo, mas é certo que ali estava descrito um mundo, um universo ordenado.

Qualquer um de nós poderia organizar um mundo fazendo listas.

Mas até chegar ao mundo e ter dele uma compreensão filosófica, preciso enveredar com mais força nas possibilidades do eu, pois o eu é o caminho do mundo enquanto é por ele forjado. O que tenho que descobrir é como passo do nada ao mundo, e do mundo ao eu, assim como do simplesmente pensar à filosofia.

2

As palavras e a Filosofia

O filósofo e o poeta

•••

Quando nos sentimos tolhidos, reprimidos, proibidos de expressarmo-nos como somos, desejamos ser como somos. Porque sempre desejamos o que nos falta. Quem não tem falta de algo não tem desejo. O mesmo vale para o pensamento: é preciso deixar que o pensamento seja. Seja como for. É preciso simplesmente "pensar", intransitivamente pensar. Mas a vagueza pode transformar-se em muitas coisas diferentes da filosofia. Precisamos, neste ponto, saber onde a vagueza e suas metamorfoses podem nos levar e onde podemos ir com a filosofia. Para isso é preciso saber quando, como e por que se chega à filosofia, quando a produzimos, em que estágio do pensar podemos dizer que somos "filósofos". A filosofia, assim como a ciência, assim como a arte ou a religião, é uma determinada forma, não apenas de acessar o mundo, mas de relacionar-se a ele enquanto, de algum modo, ele é pensado, ou seja, recriado e traduzido, interpretado e expresso em forma de conceitos. É este "modo" que é preciso desvendar.

Se buscarmos saber quando a filosofia ocorre como processo do pensamento, é certo que haverá uma passagem do mero pensar a ela. A dificuldade está em estabelecer não o momento exato, mas o processo, o caminho, em que o pensar se externa, se evidencia como algo que, em sua própria ultrapassagem, se torna filosofia. Não é benéfico, neste estágio, simplesmente negar o mero pensamento, seja por meio de uma pergunta que o acelere, seja por meio de dados que lhe podem ser acrescentados. O pensamento – no experimento que aqui se realiza – deve ser simplesmente pensamento, até que seja acordado de seu sono.

O que significa dizer que há um sono do pensamento?

Se há um sono, como acordo meu pensamento?

Permaneçamos ainda debruçados sobre o pensar. Daqui a pouco ele passeará como um animal que acorda sob nossos olhos. Por enquanto, velemos ainda o sono da fera adormecida.

O pensamento dorme enquanto navega no vago de si mesmo. Ele avança em uma metamorfose, caminho para uma nova forma.

Às vezes um poeta pode captar esse vago e transformá-lo em beleza. É a primeira fase na metamorfose do pensar. Mas o filósofo não pode buscar a beleza antes da verdade. A beleza e a verdade, porém, não estão separadas, antes se justapõem. A diferença entre filósofos e poetas refere-se ao método, não ao objetivo que têm em comum: desvendar o real. Há entre a filosofia e a poesia uma decisão: ou antes a essência, à qual é fixada a busca da verdade, ou a aparência, à qual é fixada a busca da beleza. Os poetas são atentos às intuições que surgem nestes momentos: iluminações pela beleza. Elas precisam ser belas, simbólicas, carregadas de sentido ou mistério. Ao poeta basta capturar e mostrar. A poesia, neste ponto, também é pensamento como uma lâmpada que se acende e ilumina uma casa inteira.

Mas o pensar da filosofia é diferente da poesia, ele não se basta com iluminações. Mesmo que dependa delas, ele não pode parar aí. É da definição da filosofia ir a outros lugares além da poesia. Não é a apresentação de objetos ou mundos nem seu poder de evidenciar o que intuímos que age na filosofia, mas a dissecação das coisas que o pensar visa e o próprio processo de dissecação.

A poesia é criação do sentido; a filosofia, dissecação do sentido, verificação de sua validade, de seu próprio sentido. Juntar as duas não é nada mau, mas pode ser perigoso quando deixamos de perceber a ação pungente do pensamento nas coisas. Pois um pensamento pode agir sem que saibamos e assim nos tornamos seus escravos.

A escravidão do pensamento é uma forma de totalitarismo: a paranoia (o pensamento lateral, subcutâneo que nos invade como verdade inquestionável) que só se cura pela poesia e pela filosofia, ou seja, por dois modos específicos de trabalho do pensamento que podem surgir tanto inspirados por realidade quanto apenas por análise e desmontagem de sua forma e conteúdo.

A poesia é apaziguamento. É o que se consegue com a resposta. Diante de uma resposta não há o que se dizer, mesmo que se façam perguntas a partir dela, mesmo que ela seja abandonada. Uma resposta é um fim, uma solução ou uma morte. Ela pode ser imperfeita, inválida, precária, parcial e colocar a exigência de novas respostas ou fazer, em sua insuficiência, com que apareçam novas perguntas. A resposta, porém, em seu momento nuclear, cessa um movimento que é comum à filosofia. A filosofia é muito mais próxima da pergunta, portanto, mais ligada à guerra do que à paz. É uma forma de pensar cuja base é a insatisfação, a insuficiência de toda pacificação. Já Heráclito, no século V a.C., dizia que a guerra é a mãe de todas as coisas. A oposição entre as coisas, o fato de que o mundo pode ser explicado pela tensão entre opostos, é o que os filósofos, tais como Platão, chamaram de Dialética. A pergunta é, neste ponto, um dispositivo do conflito que gera a reflexão. Um "não estar em paz" com o mundo tal como ele se mostra. Por isso, os desacomodados e insatisfeitos gostam de filosofia.

Dessa insatisfação é que a filosofia inventou que as coisas tinham essências, por detrás de aparências. Durante muito tempo os filósofos acreditaram nelas e a filosofia restringiu-se à sua busca. Os poetas, por sua vez, não se preocupavam com isso e puderam, por isso, abrir outros caminhos.

Será que os poetas concordam com o que está sendo dito aqui?

A poesia acende luzes. Tudo o que é colorido e fugidio, misterioso e curioso, evidente ou caótico interessa à poesia, compõe seu processo. Do mesmo modo interessa ao pensar, mas não basta à filosofia. A filosofia, neste momento, difere da poesia por guardar em si um gesto insatisfeito e desconfiado sobre as coisas e no modo de percebê-las, enquanto a poesia crê no que percebe.

Uma pequena semente de *ceticismo*, uma dúvida, ainda que mínima, do que se mostra é o início de todo edifício filosófico. Enquanto a poesia reflete a luz das ideias, é uma espécie de holofote, ou mesmo um espelho (como no discurso de ficção ou que dela se aproxima), a filosofia é vontade de saber quais os circuitos elétricos que produzem a luz do holofote, o que há por trás do espelho e o modo como foram construídos.

Enquanto a poesia encontra, a filosofia procura. Mas isso significaria o mesmo que dizer que enquanto a poesia já foi e voltou com a verdade nas mãos, a filosofia ainda se encaminha com as mãos abanando? A poesia é rápida e a filosofia é lenta? A filosofia sofre de uma insatisfação crônica com a qual se realiza? Haverá alguma vantagem nisso? Será mero gosto pelo sofrimento que anima a filosofia? Se o poeta passeia com sua rede de borboleta, o filósofo anda com uma lupa e uma lâmpada pronto a uma observação *in vivo*, enquanto carrega lápis e papel, pronto a fazer um desenho meticuloso do que vê. Por isso, é interessante lembrar que Leonardo Da Vinci, que era tanto um exímio desenhista e pintor e também um cientista em seu tempo, dizia ser a pintura a verdadeira filosofia.

Lembram do oráculo de Delfos que Sócrates consultava? A poesia está lá onde a filosofia começa, mas a filosofia continua sem poder dele dispor enquanto a poesia o repropõe a cada vez.

Quando buscamos compreender a diferença ou a semelhança entre filosofia e poesia, não podemos fazê-lo com propósitos de contrapor tais formas sob qualquer ideia de competição. Como se a filosofia perante a poesia nos oferecesse a honra da verdade em detrimento da aparência bela e enganosa. Não há duelo possível entre essas armas. Não se trata de descobrir a maior verdade como quem compra uma vantagem no mercado da ignorância geral.

Mais apropriado é levar em conta que a filosofia é dialética com a poesia e com outras áreas de ação humana. A sua comparação, todavia, é sempre fácil, já que ambas operam em compasso no mesmo território. É como se poesia e filosofia se co-orientassem chegando, muitas vezes, a resultados similares. Para interpretar essa ideia podemos usar o *Tao Te King*, o mais conhecido dos livros de sabedoria chinesa que guarda o pensamento de Lao Tse, sabedoria como uma semente de filosofia e poesia, porém, sem ser nem uma nem outra em sentido estrito. O princípio filosófico e o poético se entrelaçam na sabedoria.

No *Tao* se encontra, por exemplo, uma frase que pode ser pensada em nosso auxílio: "*todo ser traz sobre as costas a obscuridade e nos braços carrega a luz.*" O pensamento de Lao Tse que aqui destaco de um conjunto maior mostra que o desconhecido e o que se pode conhecer coabitam. A frase ainda pode significar que a nossa capacidade de ação (a luz nos braços) opera como negação ou a partir de um princípio desconhecido (o obscurantismo). Que o que nos pode salvar é nossa ação à revelia de todo o mal que podemos ter vivido, feito, pensado. Lao Tse utilizou figuras de linguagem para expor uma ideia. Não apresentou argumentos, mas axiomas, ou seja, proposições que se impõem como verdadeiras. Mas que são ao mesmo tempo ideias que nos fazem pensar e podem levar às planícies vastas onde poesia e filosofia são chuva que faz florescer verdades.

Descobrir diferenças e semelhanças entre filosofia e poesia serve para estabelecer o sentido do método de cada uma e o lugar de seu entrelaçamento, já que suas histórias estão intimamente ligadas desde suas origens. É mesmo impossível entendê-las sem a análise do lugar que ambas ocupam uma em relação à outra. Método é, como vimos, o termo que os gregos usavam para designar o caminho pelo qual se chega às coisas. Falar de filosofia é, via de regra, falar desse caminho. Em poesia se dá o mesmo. O caminho é diferente, mas e o objetivo destes "trabalhos do pensar" que são ao mesmo tempo "trabalhos com as palavras"?

A poesia busca tecer a aparência das coisas assim como seu sentido profundo por meio de uma manipulação da beleza, do universo da estética, campo da sensibilidade, no qual harmonias, proporções, métricas, fulgurações, caos, brinquedos linguísticos fazem sua aparição. O poeta opera a partir da superfície, é a ela que ele vive atento. A aparência é tudo o que se pode ver, mas ele precisa reconstruí-la para vê-la.

O poeta é um alquimista do devaneio. A poesia absorve as vozes do devaneio e as transforma em sentido. O devaneio é o eterno recurso do poeta, a experiência essencial que se faz a um passo além do vago do pensar, quando pensar dá um passo em direção ao seu ser livre. A liberdade, bem o sabemos, não é a vida no vácuo, mas a presença do movimento diante do obstáculo, como o voo do pássaro que necessita do ar. O poeta pode ser um trabalhador cuidadoso do texto, mas, sem o inicial momento de inspiração, de intuição e liberdade radical da expressão de suas vozes internas, ele não fará poesia.

Com a poesia encontramos todas as respostas, é como se todos os objetos do mundo se despissem de suas vestes. A poesia nos faz aceitar sua nudez e, por isso, ela parece revelar a verdade como aquilo que se desoculta, guardado que estava por trás de véus. Depois vem vestir o real com sua seda de palavras.

A filosofia, mais além, precisa escapar do devaneio. Não há filosofia no devaneio, embora ela muitas vezes pareça, para quem olha rápido, devaneio. Logo ela deverá eliminar o prazer que há no devaneio ao usar sua adaga crítica, sua pinça para análises. A filosofia é a fuga do devaneio pela observação. Se a observação sugerir algo parecido com ele será mera semelhança. No devaneio voam as metáforas e as imagens poéticas, como borboletas advindas das lagartas a fiar fios de sentido. O poeta tece como uma lagarta à espera de asas, o filósofo, embora teça também como uma aranha – que, entretanto, une fios esperando um desenho concreto – se parece mais ao próprio rompimento da pupa. Ele pode costurar os pedaços de pano e armar uma roupa inteira, mas antes precisará testar a força de agulhas e linhas. O filósofo espera a coerência do todo. Mas filósofos e poetas podem ser a mesma pessoa. Poesia e filosofia podem coabitar no mesmo texto.

A poesia é, sobretudo, uma estética, a filosofia é uma retórica. Ambas são falas criativas e criadoras. São experiências de expressão e de comunicação.

Maria Zambrano, filósofa espanhola do século XX, comenta em seu livro, *Filosofia e poesia*, que não é possível esquecer que, ao longo da história, a relação entre poesia e filosofia sempre foi tensa. Platão condenou a poesia em seus escritos, inaugurando um tempo de errância para a poesia, que passou a dizer suas verdades "inconvenientes" para uma racionalidade que se instaurou como poder incontestável. A poesia ficou abandonada como se nela a verdade não se dissesse. Mas isso não passou de uma tomada de poder do que os gregos chamaram Logos e que, estando na base histórica da filosofia, todavia hoje, não nos diz mais de seu ser inteiro. Logos é um termo fundamental à filosofia, para os gregos ele era o nome próprio da razão. Mas já não nos basta o Logos para definir a filosofia, porque a história da razão é a de suas metamorfoses.

O filósofo e o poeta precisam ter a ingenuidade das crianças que começam a entender o mundo fazendo da palavra um brinquedo, mesmo sob a consciência da perda da inocência. O filósofo pode como o poeta aprender com o louco que perdeu a censura e usa a palavra no sentido mais cru possível. A verdade que vem à tona pela palavra precisa de sua nudez. Mesmo a violência da palavra é preferível àquela que busca não ofender o *status quo*. A palavra filosófica deve sempre buscar romper a violência, mas se a verdade tiver a expressão da violência ela será legítima, porque a verdade nem sempre é boa e bela.

Neste ponto está em questão a eficácia de uma violência revolucionária da palavra ao lado da tão notória violência simbólica, camuflada e oculta nos códigos instaurados e no modo tantas vezes cínico de conversar das pessoas. A palavra filosófica precisa ser crítica, jamais uma confirmação do que é. Ela precisa ser a busca do sentido e, ao lado dele, da ética que coloca em cena sempre o mais além do que é, o que deveria ser. A filosofia é, neste sentido, crítica de si mesma. Quando a poesia se torna crítica de si mesma ela se torna um pouco filosofia.

O mau uso das palavras

•••

Se a filosofia usa as palavras como uma ordem, como um sistema de regras, se ela se torna um jargão, ela perde seu potencial crítico. Jargão é a fala acabada, o código petrificado que visa impor-se como medida das coisas, o sistema que pretende abarcar a realidade servindo de explicação a tudo o que existe. Há uma empáfia, um desrespeito ínsito pelas coisas nos sistemas acabados de pensamento. As palavras são expressões das coisas, não as próprias coisas. E os sistemas organizados, sejam visões de mundo, sejam teorias, sejam opiniões, precisam salvaguardar o momento do indizível, do impensável, do não organizável, não classificável, em suas elaborações, sob pena de creditar às palavras e às explicações que elas corporificam, o próprio ser que elas tentam designar. Muitos que argumentam ou expõem suas ideias tanto na poesia quanto na filosofia usam o jargão como modo de proteção, de ocultamento de falta de criatividade, por trás de uma regra, um código canonizado e tido como verdadeiro. Essa falta de criatividade de uns torna-se, nas instituições, a proibição da criatividade de outros. Temos que cuidar que isso não aconteça conosco, seja na instituição universitária onde fazemos faculdade de filosofia ou outros cursos, seja em família, seja na banda de rock ou no grupo da dança de salão.

O jargão dá a impressão da autorização dos iniciados: o iniciado se sente uma autoridade e argumenta a partir de sua posição especializada diante dos demais. Em filosofia – assim como na medicina, no direito, nas ciências de um modo geral e mesmo na religião – seu uso é comum e prejudicial. Ele revela muitas vezes a incapacidade de pensar de quem o utiliza e se impõe como uma proibição do pensar a outros, pois, como algo fechado e pronto, por meio dele é eliminado o diálogo. O jargão filosófico é a antifilosofia ou a má-filosofia. O jargão, na verdade, é um guarda-chuva que quebra num dia de tormenta e, se servia de proteção contra a agrura da vida, torna-se estorvo na chuva da novidade do mundo.

A terminologia filosófica, todavia, pode ser usada como um talismã, uma pedra preciosa que cintila à luz da pergunta, da curiosidade, da atenção que constituem o pensamento questionador. Ela não deve ser simplesmente traduzida aos não iniciados, mas apresentada como uma forma a partir da qual pode se dar uma experiência de pensamento.

O filósofo escritor

•••

Por isso, o filósofo também pode ser um escritor sem ser somente um escritor. O poeta é quem mais se aproxima do mesmo ofício da desocultação do ser pela palavra. Mas, enquanto os poetas podem brincar com as palavras, divertir-se com elas, usá-las para encantar ou comover, devendo por ofício servir à beleza, os filósofos precisam descobrir as camadas perdidas do tempo que moram nas palavras, o ser nelas sedimentado e sua potência em dizer o ser ainda não vivido. Descobrindo o tempo nas palavras, sua genealogia, os filósofos adquirem poder sobre o passado. O que se foi não pode ser mudado, nem simplesmente conhecido, mas o filósofo pode tocar o que foi com a cera de sua interpretação. As palavras então vêm servir como material do pensamento, como num desenho cujo traço define o seu sentido. A palavra é para a filosofia como o traço é para o desenhista: possibilidade de entender os fios que compõem uma imagem e de expressar verdades que só o olho pessoal de cada um pode ver.

O filósofo que escreve pode ser o testemunho de um tempo e o trabalhador da memória do pensamento que se tece pela escrita. A memória do pensamento é a tarefa do livro filosófico. Lembremos de Marcel Proust que na passagem do século XIX para o XX escrevia para reencontrar o tempo perdido. O tempo perdido só pode ser recuperado no presente e no futuro. Portanto, escrever é propor e reconstruir. Um modo de recuperar a si, um tempo subjetivo, só seu ou compartilhado, um modo de recuperar o que fora vivido num tempo não reconhecido.

A filosofia é, neste ponto, quando escrita, como a literatura, um trabalho de memória voluntária e involuntária. Tais termos foram usados por Proust e Beckett para falar do modo como podemos lembrar o passado. Na memória voluntária trazemos à tona o que sabíamos, bastando revelar. Como quando abrimos uma gaveta e buscamos algo que sabíamos estar ali. Na memória involuntária, todavia, está em jogo o que não sabemos, o que muitos chamaram inconsciente, ou seja, aquilo que não podemos buscar em uma gaveta, pois não sabemos se está lá. E, entretanto, é algo que se mostra à revelia de nossas buscas. Enquanto temos a chave de nossa memória voluntária, a memória involuntária é aquela que nos assalta quando estamos desatentos. O trabalho dos escritores é o de entrelaçá-las, buscando uma forma com sentido ou que possa revirar os sentidos aos quais nos acostumamos.

O poeta vê nas palavras a sua prima expressão, a expressão de seu humor, de sua alma, de seu íntimo, do que lhe vem à intuição como se ela devesse ser simplesmente ouvida, sentida, acolhida. O poeta não precisa ter intenções de atingir o outro para além de sua sensibilidade, nem espera dele nenhuma concordância, nenhum consenso, nenhum convencimento – o outro não precisa ser persuadido pelo poeta. O poeta épico, por exemplo, Homero em sua *Ilíada*, simplesmente narra um evento e o expõe nos seus melhores detalhes descritivos. O poeta moderno é, sobretudo, lírico. Ele pode escrever para si, para sua gaveta. Sua palavra não necessita ser mais que fulguração que será vista e ouvida, mas simplesmente ser. O poeta encontra uma espécie de grau zero da sensibilidade que, expressa, vale por si só.

Para o filósofo a elaboração da linguagem não vale por si só, ele deve justificar o que diz e escreve, o que elabora deve ficar explícito ao interlocutor. Isto não deve significar que o filósofo deve abandonar as imagens, as metáforas, os temas incertos. Ao contrário. Tanto o filósofo quanto o poeta podem escolher seus temas sem critérios prévios, muito menos qualquer forma de censura, tudo é conteúdo para filosofia ou poesia, mas se o filósofo não explicita desde o começo seus fundamentos é porque está à procura deles no processo da própria exposição. No começo ou no fim o filósofo segue sempre um projeto, o de trazer luz à sua questão para que o outro possa vê-la e aceitá-la ou negá-la.

O filósofo precisa buscar a objetividade da palavra, mesmo quando atua na reflexão sobre a obra do poeta, sem, todavia, perder o sentido da subjetividade, a comunicação sem perder o sentido da expressão. O filósofo está obrigado a dizer-se a outro, a ser ouvido e aceito ou contestado. O poeta pode bastar-se a si mesmo. É dispensável a ele o reconhecimento social do que escreve. Mas a palavra do filósofo não se instaura sem reconhecimento. Pois a consistência da palavra filosófica se instaura apenas no confronto, na dialética como exercício do Logos – ainda que ciente de sua precariedade – ou seja, da racionalidade que se expressa por meio de palavras, e é ouvida, sentida e confirmada, ou contestada por perguntas. Não há palavra filosófica sem objetividade e sem um momento de extremo pragmatismo, ou seja, de ação. A escrita do filósofo jamais pode ser para as gavetas, nem seu pensamento pode bastar-se a si mesmo. E se na gaveta, ou na equivalente estante, ela for simplesmente permanecer, encontrará sua frustração essencial. O filósofo, comparado às expressões dos poetas, se parece, neste ponto, mais ao *performer* do que ao poeta lírico.

O filósofo escreve aos outros em nome da lucidez. Trazer luz, dar à luz as ideias, fazer luzir os objetos. A lucidez é o magno projeto de toda filosofia. O filósofo escreve para deixar gravado no tempo o testemunho do que ele concebe enquanto existe e o que ele pode aprender do testemunho do pensamento de outros. Escrever filosofia, ou seja, buscar a literatura do pensamento, é buscar dar notícia do processo pelo qual se pensa enquanto esse pensamento pode levar, quando lido, ou exposto oralmente, outro a pensar.

Por isso, a palavra da poesia, bem como da literatura, é sempre, em um aspecto muito específico, fechada. O ser do que está escrito na obra se basta. E basta porque há uma autoria, um direito do sujeito que escreve de dizer o mundo segundo sua grafia. Embora o sujeito filosófico como escritor não possa negar sua autoria, o aspecto subjetivo e único de sua interpretação, até, podemos dizer, a inexorabilidade do lugar que ocupa como sujeito do conhecimento, o ser da escrita filosófica é sempre incompleto e fadado ao fracasso. Se compreendemos hoje que a autoria é inevitável, por outro lado, a autoria é sempre um conceito precário em filosofia.

De que ideias sou realmente autor? Há sentido em se usar este paradigma ainda hoje em dia?

O escritor-filósofo escreve para outros com sua perspectiva aberta. Escreve um texto aberto como o pensamento que, mais que uma obra autoral, deve ser obra conjunta de todos os que pensam. O ideal do texto filosófico é a sua "re-escritura" e, no tempo, a chance de sua eliminação para se tornar ação. A história da filosofia é, neste sentido, a re-escritura que agrega o conflito que a permite.

Um grande projeto de "copyleft", de partilha de ideias. O contrário do registro do copyright.

Mas isto tem realmente sentido, o que você pensa?

A escrita filosófica é, por isso, apenas um meio da ação filosófica. Em última instância podemos dizer que ela é de uma boa inutilidade. Do livro que tenho em mãos (o que escrevo-leio) devo fazer aflorar o *in-útil*, não apenas o que não serve para nada, mas o que questiona o que serve apenas para a sobrevivência. É preciso perguntar se a vida pode ser mais do que mero *sobre-viver*, ou seja, a manutenção de um estado, de uma situação em que a quantidade dos bens, do que temos, não do que somos, sobrepuja sua qualidade e seu sentido.

Estilo

•••

De qualquer maneira, quando lemos os filósofos clássicos ou modernos é importante considerar o seu estilo. O modo como escreveram seus textos é sempre revelador tanto do valor que davam à escrita, quanto do projeto conceitual que desenvolveram. O fato de os filósofos pré-socráticos terem deixado apenas fragmentos revela o tempo histórico em que a escrita ainda não era um hábito, nem era um valor. Platão escreveu diálogos para mostrar que a filosofia era uma reunião de homens que buscavam o conhecimento no exercício da memória viabilizado pelo método da maiêutica, perguntar e responder, que visava acordar alguém para o saber nele mesmo contido. Os gregos não confiavam no "simplesmente pensar". Sócrates, sobre o qual se conjectura se teria sido mais que um personagem de Platão justamente por não ter deixado nada por escrito, posicionou-se contra a escrita – tanto literalmente no diálogo *Fedro* de Platão, como por sua atitude de "simplesmente conversar" sem buscar registrar o que dizia –, gesto promovido por Platão. Para Sócrates a escrita era mera documentação, mera história, não filosofia. A filosofia não era algo que se realizava pelo texto, que se obrigava a ser texto. Se hoje gravarmos em vídeo um encontro de filosofia saberemos o que significava esta relação de Sócrates com a escrita. Não basta ver um vídeo de filosofa, é preciso entrar nele pelo pensamento ou valer-se dele para ir além. Toda representação da filosofia não vale por si só, porque toda fala filosófica exige realização e esta é sua diferença essencial com toda forma de literatura.

As meras representações, segundo Sócrates, poderiam matar a verdade. Mas de que verdade ele falava ao narrar o mito de Theut, o deus egípcio da morte ao mesmo tempo que da escrita, o mito da invenção da escrita como mais uma praga que assolaria a humanidade? A verdade que morreria sob a escrita era a ação que, ao se elevar à escrita, se perderia em seu aspecto de encontro, de "estar junto", realizando-se na morte pela solidão avessa à noção de *pólis*, da cidade grega onde a vivência em comunidade deveria ser mais que uma guerra de todos contra todos.

É preciso, por outro lado, pensar que a modernidade filosófica – desde a invenção da imprensa, que de pouco em pouco produz a partilha do escrito –, acrescentou o aspecto da escrita à filosofia inaugurando uma nova mediação entre indivíduo e sociedade. A liberdade individual e a opinião de qualquer um – que definem a democracia – são arquetípicas dos tempos modernos. A própria solidão, como a privacidade e a intimidade, é um direito. Todavia, a escrita acrescenta uma novidade incapaz de eliminar o fundamento do encontro que está na base do ideal do diálogo da filosofia antiga.

Já Aristóteles escreveu tratados como fizeram também os medievais (Santo Tomás, Guilherme de Ockam) e os primeiros modernos (Robert Burton), que escreveram ainda discursos (Descartes, o já mencionado autor do *Discurso do método*, Rousseau, o autor de *Emílio*, um pouco mais tarde) e confissões (como Pascal). Cada forma de escrita carregava uma intenção dos filósofos, mas dava forma, sobretudo, a um método de pensar, um modo específico de entender o que era e poderia ser a filosofia, ou o testemunho inexorável do pensamento de cada um, o "próprio" a que chamamos filosofia (ainda que este próprio venha a ser constituído de muitas leituras e interpretações e transformações ocorridas no encontro com outros, suas ideias e seus textos).

Um dos gêneros mais conhecidos da história da filosofia foi criado por Michel de Montaigne. Sua obra principal intitula-se *Ensaios*. A liberdade do pensar foi o que levou ao surgimento deste estilo. Liberdade do pensar que bastava em si mesma, que deveria revelar os aspectos interessantes a ele mesmo, o autor, para um leitor que deveria, no lugar do receptor, estar também implicado em formar suas próprias opiniões. O autor, para Montaigne, muito além do narcisismo da mera opinião, era a matéria dos seus ensaios, como ele mesmo afirmou logo ao início do livro. Assim ele demarcava o momento subjetivo, individual e inescapável de sua posição como escritor.

Os *Ensaios* eram exposição de uma experiência de pensamento que não serviria para ser decorada por ninguém. Ali não havia nenhuma verdade que servisse longe da reflexão que se podia exercitar sobre ela. Supomos, hoje, que a intenção imanente ao livro fosse que sua leitura servisse antes ao leitor que tem a leitura como meio, como passagem. Montaigne, assim como mais tarde Schopenhauer e Nietzsche no século XIX, tinha um certo desprezo pela leitura. Não era um desprezo pelo leitor, mas pelo gesto acrítico daquele que quer apenas escorar-se em pensamentos alheios e fazer-se de erudito, o que não passa de uma máscara para os covardes, que têm medo de pensar.

Séculos depois dos *Ensaios* de Montaige, Theodor Adorno – filósofo alemão morto em 1969 – dirá que o *ensaio é a forma própria da filosofia*. O ensaio, escrito a partir das experiências do autor, sejam elas leituras, filmes, impressões sobre a vida comum, lembranças, ideias fixas, ideias soltas, ideias ao acaso, é a forma própria do pensar que se busca e busca conhecer além de si e permanece como busca. É o pensamento inacabado e, como tal, o oposto dos sistemas filosóficos, nos quais, morre algo da experiência filosófica que o ensaio preserva, a saber, a liberdade da associação de ideias, as figuras de linguagem, a expressão. O ensaio é a forma extrema da filosofia como busca do saber, ou seja, aquela que se leva a sério como processo.

Dizer que o pensar é inacabado é valorizar seu momento de pergunta.

O ensaio é um estilo que, entre a arte e a ciência, é literatura de ideias. A literatura de ideias é uma ação livre.

Ideias expostas de modo inconclusivo como que se oferecendo a serem pensadas, repensadas, novamente pensadas. Ideias que exigem discussão, cuja função principal é "fazer pensar".

Mas há que saber ler, pois ele exige a leitura reflexiva sem a qual não é compreendido. E compreendê-lo não quer dizer aceitar o que ele propõe.

Como aqui neste livro que estou lendo.

Comunicação e poder

•••

As ideias não somem, mas ficam guardadas na eternidade. Trazidas ao tempo histórico onde a eternidade silenciosa aprende seu canto nem sempre alegre, as ideias movem mundos. A história da filosofia é um mapa de ideias que se foram, mas que podem retornar como algo vivo desde que esforços de reflexão e atenção ressuscitem-nas.

O texto que aqui é escrito-lido – e que pode como qualquer outro texto filosófico nos servir de chave para abrir portas do pensamento, assim como fechá-las –, encontraria sua alegria de ser em colocar-se como mote de uma aventura do pensar que nele não se acaba. É assim que melhor são lidos os textos filosóficos. Eles fazem pensar, levam a pensamentos que não estão neles contidos ou em germe neles se ocultam. O texto filosófico é como uma árvore cujos galhos crescem à medida que a cultivamos.

A autoria, por sua vez, é, em filosofia, mais que uma assinatura estética, algo que vai além do estilo, a responsabilização pela experiência do pensamento que se expressa. O texto que se escreve e re-escreve é a unidade que se busca no jogo dos participantes particulares.

Não podemos perder de vista os limites da escrita filosófica que são os limites da própria escrita. O endeusamento do livro na tradição cristã deixou de herança para a tradição filosófica o valor do texto escrito como verdade. A escrita, para ser realmente compreendida e realizar seu potencial, precisa ser vista como meio e não como fim, como ponte para a vida e não como verdade maior do que a vida. Neste último caso ela se transforma em mecanismo de poder. Se hoje em dia analisamos os meios de comunicação como mecanismos de poder, precisamos incluir a imprensa e o livro como meios de comunicação que originalmente sempre foram como tais, partes da engrenagem do poder. O mundo erudito que vive dos livros (e de outros meios de informação de acesso precariamente democrático) muitas vezes oculta o aspecto de poder da escrita e da leitura, como se eles estivessem fora das relações de poder podendo garantir a verdade alheia ao sistema. Como todo poder é meio e não substância ou coisa que se retém e se possui – é, antes de tudo, relação – também o livro e a leitura, a escrita, participam de um jogo que constitui as sociedades, incluindo e excluindo, criando possibilidades e prisões.

Mas o poder é, enquanto possibilidade, algo bom ou possibilidade da produção do que é bom. Ele precisa ser partilhado e transformado pelos seres humanos em mais do que dominação e violência, formas com as quais o confundimos.

A comunicação (a possibilidade de entrar em contato com outro ou outros) é um poder e a filosofia participa dele.

Apenas a introdução do filosófico, como capacidade de buscar a verdade por meio do diálogo na comunicação, pode transformar o poder da comunicação em emancipação.

Mas o que faço eu com o poder na minha comunicação?

Percebo que me comunico com você simplesmente por lhe dirigir a palavra?

Retórica: sobre falar e ouvir

•••

Ao longo da história, entretanto, ao ler os filósofos clássicos, podemos pensar que eles menosprezaram ou negligenciaram o aspecto literário da escrita filosófica, sendo, muitas vezes, desatentos a questões de estilo. Mas será isso verdade por inteiro? Pensamos assim ao não encontrar nos filósofos do passado grandes tratamentos sobre o estilo, ou exposições metateóricas sobre "como" escreveram, mas, sobretudo, ao vermos de que modo a retórica, como uma espécie de corpo do pensamento, foi banida da filosofia. É como se as ideias não dependessem das palavras, como se os livros não dependessem da língua e dos leitores que ativam seus conteúdos. Sentimos isso na leitura de textos complexos, nos quais o aspecto da persuasão não aparece, mas está ali sempre oculto. E sempre esperamos, talvez mais do que das pessoas ao nosso redor, que os textos nos convençam de algo. É a pretensa ausência de retórica, uma suposta vontade de dizer para além do efeito das palavras, das frases, do arranjo linguístico, que nos sugere uma perda da importância da linguagem em filosofia.

É como se filósofos escrevessem sem que provassem nada. Escrevessem por escrever. O desprezo que a sociedade nutriu pela filosofia, julgando-a pouco pragmática, vem também do caráter inacessível de textos que parecem muitas vezes abdicar de toda comunicação. Ora, toda retórica – seja escrita ou falada – mais do que técnica de convencimento, é o discurso articulado em torno de um sujeito que se dirige a um "tu", alvo do discurso. Retórica é o modo linguístico da relação eu-tu. Neste caso, os textos filosóficos parecem não falar conosco, transformados que somos em néscios leitores de verdades intocáveis. Mas este é um jeito muito precário de perceber os textos filosóficos que servem, sobretudo, como dispositivos da reflexão que deve levar além do texto. A leitura, neste sentido, sempre pode salvar o texto.

A arte hoje em dia imita o texto filosófico, também as obras contemporâneas querem nos fazer pensar. Ou não?

Em princípio, imaginamos que a retórica pouco ou nada tem a ver com a filosofia, pois já foram separadas há muito. Seus limites adquiriram traços teóricos na Grécia antiga na obra *Arte retórica* de Aristóteles. Sabemos da relação da retórica com a sofística na antiguidade grega, e também separamos a sofística da filosofia. A retórica situa-se perto da sofística e longe da filosofia enquanto ela parece ser o discurso enganador, tal é a opinião mais conhecida e comum entre nós. Uma visão criada pela filosofia que se colocou como uma prática da verdade pela busca do diálogo racional, do discurso com bases e princípios lógicos. A sofística era a arte de constranger pelo discurso quando a verdade não era o que se buscava, mas algo que se alcançava e se possuía sem que obedecesse a nenhum princípio. Sofística era a exposição de um arranjo argumentativo em que o fim justificava os meios de persuasão, objetivo do discurso retórico. Ou seja, para se provar algo, qualquer estratégia de discurso era válida.

Talvez, nos primórdios históricos da filosofia, ela tenha podido se instaurar apenas se diferenciando dessas práticas discursivas (assim como precisou diferenciar-se da tragédia grega). Até os dias de hoje a filosofia, enquanto instituição e mesmo como prática do pensamento, ainda se propõe a partir de sua diferença essencial com todos os discursos: ela é sempre negação pela reflexão. Mas isso não é motivo suficiente para que não se realize uma crítica do processo histórico da filosofia que, além de emancipação e liberdade, produziu muitos recalques. Se a filosofia se emancipou da retórica também recalcou aspectos importantes que estavam nela embutidos. E os manteve sem ter consciência disso.

O banimento da retórica, por outro lado, sua transformação em banalização da fala, que vemos hoje com vistas à mera persuasão, teve motivos maiores do que uma mera competição pelo poder que todo discurso e todo conhecimento geram. O diálogo platônico apenas era possível no mesmo ambiente em que a retórica se exercia: a *ágora*. A praça pública da *pólis*, a cidade-estado grega onde os cidadãos se reuniam para o exercício do discurso. A filosofia nasceu junto da retórica como exercício de participação dos cidadãos na construção da democracia. Mas a retórica subsistia do aspecto material da linguagem, tudo o que Platão precisava negar para fundamentar um mundo além do humano, um mundo das ideias, mas, no que aqui nos interessa, para mostrar que a filosofia deveria ir além disso. A retórica era a corporeidade da linguagem em seu sentido mais concreto. Mas a mera corporeidade da linguagem também destruía o pensamento, fazendo dele mero jogo de linguagem. Se a retórica é o corpo do pensamento, a filosofia é a alma. Mas não devemos mais pensar como os medievais, que alma e corpo estão separados.

O que é, afinal, retórica?

Hoje, a retórica falta à filosofia. Não como gesto enganador, é claro, nem como discurso que busca a adesão pura e simples, ou convencer o outro de algo que lhe prejudique ou que se suponha lhe fazer bem, mas como ação discursiva, como fala que deve ser ouvida. A persuasão não implica necessariamente o convencimento do outro. Ela diz respeito a uma força da linguagem que leva o ouvinte ao reconhecimento da fala do outro. Em tempos em que ouvir parece tão difícil, em que há um abismo entre o dizer e o ouvir, a retórica pode aparecer como um novo instrumento para aumento de definição e volume.

É o corpo do pensamento, o fato de que todo pensamento precisa tornar-se algo "real", algo concreto. A materialidade do pensamento, aquilo de que o pensamento se faz, é, num primeiro momento, a palavra que o expressa. A retórica em filosofia vem significar seu aspecto linguístico. Podemos continuar dizendo, como já foi dito, que filósofo é aquele que, além do pensamento, da capacidade de criar conceitos, busca as palavras adequadas para lhes "fazer corpo". Trata-se, além de saber ouvir que tanto se afirma nos dias de hoje, de poder saber-falar.

A retórica vem expor a filosofia como uma fala. O processo de pensamento realizado pelo filósofo é também o do saber falar, além do saber ouvir. Platão, quando afirmava o caráter de diálogo da filosofia, esqueceu do fato de que sem a criação do corpo da linguagem não haveria qualquer fala, nem qualquer escuta. Do outro lado do saber-falar há o saber-ouvir, é algo que em filosofia adquire uma força de lei. Um diálogo depende desses aspectos, o que significa dizer que ele depende, neste sentido, de um bom uso da retórica, ou de uma boa retórica.

Mas o que é saber-falar?

Saber-falar é ter a capacidade de dizer os pensamentos por meio de uma expressão que se esforce por manifestar não a verdade, mas o desejo dela. Não é falar bonito, nem falar o que pode ser dito a partir de uma técnica preestabelecida. A retórica depende do estilo, o modo de cada um dizer com sua própria voz.

Neste ponto, posso considerar que um grito, se é expressivo e, por isso, verdadeiro, é retórico?

Neste momento está sendo rearticulado o sentido da retórica. Ele é reabilitado para que seu conteúdo verdadeiro soterrado venha à luz. Retórica é mais do que persuasão como convencimento do outro, é a capacidade de expressão por meio de palavras. Guardemos tal definição já anteriormente esboçada como amuleto que nos protege, mas que nos faz pensar em seu próprio propósito. O ouvinte de um discurso, de uma fala, é aquele que deve ser acordado pelo discurso, por ele entusiasmado. O discurso deve ser um dispositivo de admiração.

Neste momento é o *Taumas* (o choque, o susto, o espanto, a admiração como afirmaram os gregos) que se deve tornar presente no discurso. A filosofia não é só a admiração que aparece do nada. Podemos dizer que é também a tarefa da admiração que a palavra pode tornar presente ao pensador, seja ele leitor, seja ele escritor. O filósofo é retor enquanto produtor de um discurso que acorda, sacode aquele que está acostumado ao sonífero do senso comum. A retórica é, em filosofia, o elemento que permite a produção do espanto: *taumastzein*. Ato de provocar o espanto da interpretação pela linguagem e, assim, acordar para a novidade do mundo.

O que me espanta? É o mesmo que me assusta? Posso seguir na direção em que este medo me leva?

Uma história de palavras

•••

O que ainda aproxima a filosofia e a poesia é o fato de que se elaboram por meio de palavras. Neste mesmo texto que estou lendo (e escrevendo – quando estou eu lendo, eu que leio? Quando estou eu escrevendo, eu que escrevo? E quando uma coisa se transforma na outra?) presto atenção, a máxima atenção, às palavras que preciso usar, às palavras disponíveis. Elas são o modo como conceitos adquirem corpo, roupagem, expressão concreta. Isto não significa dizer apenas que são discursos ou elaborações de linguagem. O trabalho da linguagem é algo muito difícil. Se discursos parecem prontos e acabados, um jogo com regras, tanto a filosofia quanto a poesia e sua ação conjunta buscam trazer aos nossos olhos, pelas palavras, as camadas do ser que podem ser expressas. Por isso, as palavras devem ser usadas com cuidado e pertinência.

Se a poesia não pode ser elaborada sem um intenso trabalho com a palavra, o mesmo vale para a filosofia. Na história da filosofia as palavras são um dos elementos mais essenciais, elas compõem o que se chama "terminologia filosófica", o que não deve ser apenas um jargão técnico ao qual têm acesso apenas os iniciados – e que configura a linguagem como poder de inclusão e exclusão pelo saber –, mas um lugar onde reconhecemos a forma com que se sedimentaram conteúdos históricos. A terminologia filosófica não é estática, nem canônica. As palavras que a filosofia usa são instrumentos, sinais, símbolos de ideias, conceitos, sentidos. Por isso, no uso de termos históricos precisamos expor seu sentido e o contexto em que pretendemos que sejam compreendidos. E precisamos verificar se são atuais, se podem nos ajudar na compreensão do passado ou de nosso presente, do que pensávamos, pensamos, vivemos. A terminologia filosófica, neste sentido, pode ser aberta ou fechada e tal abertura ou fechamento depende de um trabalho de interpretação de um sujeito do conhecimento que se constrói na história em processo de criação e invenção. A terminologia filosófica precisa, para atender ao ser das coisas, ser sempre recriada.

Algumas palavras exemplares definem a filosofia até hoje. Mas sua definição é incompleta. Se estivesse completa, a filosofia não passaria de um jargão. Por isso, ela deve sempre ser re-feita no caminho do pensamento que cada pessoa experimenta.

É importante ter em vista que, embora perguntemos o que é filosofia desde que a filosofia foi inventada, a definição da filosofia não é um fim em si, ou seja, a filosofia não deve existir para eterna e meramente se autojustificar. A autojustificação é necessária, mas precisa ser ultrapassada.

Perguntar pelo conceito de filosofia, querer saber o que ela é, é algo que importa apenas à medida que situamos o motivo pelo qual a filosofia surge e é mantida. Os filósofos ao longo da história sempre buscaram definir seu trabalho e podemos ver neste gesto a tentativa de autojustificação necessária em certa medida, mas também a fundamentação do próprio pensar feito no aqui e agora de nossos cotidianos. Os filósofos sempre tentaram explicar o motivo e o lugar a partir do qual pensavam. A vantagem da explicitação do que leva alguém a pensar está em que saberemos de sua causa, talvez do impulso que o leva a tal aventura. Além desse conhecimento, aquele que se justifica se expõe, mas também se responsabiliza pelo que justifica. O momento de autocrítica da filosofia é fundamental. A filosofia se dispõe diante de uma espécie de tribunal, não porque ela se pareça a algum crime, porque ela seja uma prática ilícita – embora a filosofia incomode a muitos quando ela desmascara jogos de poder –, mas porque ela requer sempre a avaliação de sua pertinência. Esta avaliação é perigosa para o mundo, para os sistemas, pois, se a filosofia cai junto dela, mundos, ordens, compreensões estabelecidas e modos de ver se vão e deixam seres humanos à deriva.

A filosofia como forma de conhecimento e como busca do conhecimento (ela é fim e é caminho) precisa, para não se autocontradizer, ao mesmo tempo ser útil, ser elemento de seu tempo que emancipe os seres humanos. A filosofia seria desnecessária em um mundo justo e digno, onde a razão tivesse de fato esclarecido a humanidade. Onde a ciência tivesse oferecido respostas pelo sentido. Se a filosofia fosse ciência, o seria aqui, exatamente como ciência do sentido, mas também seria a arte do sentido. Georg Lukács, filósofo romeno, diz em seu livro sobre *A teoria do romance* de 1915 que "os tempos afortunados não têm filosofia". Não que a filosofia se tornasse inútil diante da felicidade humana, de alguma utopia realizada, mas porque nela todos seriam filósofos, ou seja, todos seriam "depositários do objetivo utópico de toda filosofia". Todos partilhariam uma filosofia a realizar-se junto dos outros: uma filosofia em comum?

A seguir veremos alguns exemplos de termos fundamentais que fatalmente aparecem no discurso filosófico, pois situam questões históricas.

Ser – para que serve?

•••

É impossível falar de filosofia sem mencionar certos termos que fizeram história e que ainda constroem o presente de nossa reflexão. Tais palavras são como heranças que não temos como não aceitar, ou elementos que retornam ao uso na linguagem, mesmo que não queiramos e que tentemos evitá-los. A responsabilidade sobre elas é algo que se impõe. Entre elas está o termo "ser". Será um termo por demais abstrato? É possível hoje discutir a sociedade, os problemas urgentes relativos à vida concreta, a partir dele?

Devemos perguntar qual a pertinência do "ser"?

A experiência com a palavra pode sempre remontar à sensação de um ar de anacronismo que tanto nos fascina quanto nos expulsa de sua compreensão. Esta experiência não é pouco comum. O termo ser é o mais vasto e, como costuma acontecer com o que não estabelece seus limites, torna-se também o mais limitado. É como se não pudéssemos tocá-lo e, por isso, julgamos que seu caráter inacessível é a prova de sua desimportância. O que é o ser é uma pergunta que precisa ser compreendida à luz de outra: o que me importa saber dele? O que faço com o ser?

Toda pergunta se coloca dentro de um tempo e de um espaço, do horizonte de compreensão daqueles que conversam. Algo que hoje nos parece inócuo ou obtuso pode ter sido fundamental no passado. Algo que hoje se tornou importante pode ter passado despercebido antes. Do mesmo modo as perguntas que fazemos obedecem a valores do tempo em que são feitas. Hoje, em tempos de urgências, o pragmatismo (ou seja, a aplicação direta com vistas a resultados práticos) tornou-se um prisma a partir do qual tudo é medido. Ser pragmático é olhar para tudo com vistas a resultados. Perguntar pelo ser pode ser anacrônico, mas perguntar pelo seu uso, por mais estranho que pareça, ajuda-nos a aproximar a questão do nosso tempo e de nossos valores. Ora, a colocação em cena – a reentrada em cena, mais propriamente – do ser serve justamente para questionarmos os limites do pragmatismo. Hoje, a pergunta pelo ser é pragmática num novo sentido, ela questiona os limites do pragmatismo e possibilita a sua autocrítica.

Tentemos compreender a atualidade do ser: assim entenderemos o que podemos fazer com a filosofia hoje. Perguntar pelo que posso fazer com o ser é definir o parâmetro de relação que podemos ter com uma tal ideia. Por mais abstrato e vago que seja o ser, talvez ele nos ajude a penetrar no estranho território do que pode ser pensado e do que escapa ao pensamento. O ser é o que pode ser pensado e, em nosso uso linguístico, é um verbo que flexiona nossa essência, ou seja, expõe aquilo que está na base da definição de cada coisa, seja ela subjetiva ou objetiva, humana ou não humana.

Muito do que estou escrevendo pode parecer uma espécie de "fenomenologia", ou seja, uma tentativa de chegar ao âmago dos fenômenos, tocar sua essência e, a partir daí, compreendê-los. A fenomenologia é sempre uma ciência, um estudo dos fenômenos. Não tomo esta intenção como a primeira. Mas a de descrever o fenômeno para melhor saber dele. Parece, todavia, coerente levar em conta que toda filosofia necessita deste momento, o da compreensão da aparência, do que se mostra, do que está dado e evidente, como tenho tentado manifestar. Mas o que está dado e evidente pode ser o que menos conhecemos, pois o que parece mais evidente é justamente aquilo ao que somos mais desatentos.

Uma fenomenologia no sentido estrito, baseada na crença de que é possível pela compreensão da aparência, do que está à nossa vista, penetrar a essência das coisas, é, todavia, um passo arriscado. Esse procedimento incorre no erro de depreciar a aparência como falsidade, como se o que se mostra fosse a parte menos verdadeira de algo que se esconde no íntimo. Tal crença se baseia na ideia de que o oculto é o verdadeiro. O que não podemos apreender pelos sentidos, o que está, portanto, além de nossa capacidade de compreensão, seria a verdade. A essência corresponde muitas vezes, para vários pensadores, a esse oculto das coisas que desejaríamos acessar. Como a verdade foi supervalorizada como o que não pode ser acessível a qualquer um, tudo isso seria indisponível à maioria e revelado apenas a iniciados. Um jeito de tornar a verdade inacessível é dizer que ela está além do que podemos ver, pois não sabemos ver, ou vemos mal. Esta postura deve sempre ser questionada.

Ora, o que é a essência das coisas? Essa pergunta foi sempre a que orientou os que usaram a palavra ser. A palavra essência vem da palavra "esse" que significa ser em latim.

A essência das coisas foi uma crença que constituiu nossa possibilidade de compreendê-las. O que podíamos saber de algo que fosse verdadeiro era sua essência. Mas ainda podemos confiar nesta hipótese? Existe uma essência das coisas? Certamente, se tratamos a essência como um conceito, mas não se a vemos como uma substância das coisas, pois aí temos que deixar o trabalho para a física, a química e a biologia, quem sabe para quem se ocupe do sobrenatural.

Até aqui nos enfrentamos quase que apenas com o pensar. Ser, ora, é o oposto ao pensar. A negação do pensar. Não é possível falar de filosofia – uma superespecialização do pensar – sem desvendar o problema do ser. Os filósofos antigos e muitos dos modernos e contemporâneos basearam suas investigações no que chamaram de ser. Alguns contemporâneos disseram que o ser era a base de um paradigma de pensamento que não seria mais atual desde que temos a linguagem como seu substituto.

O ser seria amplo demais e impreciso demais, enquanto a linguagem seria um objeto mais concreto. Mas podemos ainda falar em ser da linguagem e o tema do ser retorna. Gadamer, o grande filósofo da hermenêutica do século XX, dirá que "o ser que pode ser conhecido é linguagem" e com esta frase traduz a indecisão do ser na indecisão da linguagem. Mas a linguagem, pelo menos, desde que a exercitamos, enquanto ela é um instrumento, parece ser mais palpável. E quando falamos no ser da linguagem já podemos supor o aspecto impreciso da linguagem enquanto ela é ser.

Aqui já estou definindo que o ser é impreciso, e neste ponto estou a adjetivá-lo, mas também posso dizer que ele é "o impreciso". Posso até dizer que o ser da linguagem é o impreciso que nela habita. É justamente esse impreciso o que baniu o ser da investigação filosófica. O impreciso não podia ser avaliado, o que definia os limites radicais da filosofia que nem sempre foram bem aceitos. Ao mesmo tempo, muitas vezes, quando os filósofos não podiam apresentar respostas ou quando não tinham um objeto exato sobre o qual discutir, o ser se apresentava como um coringa. O coringa do "simplesmente pensar".

Neste ponto, precisamos saber onde isso nos leva e onde nos proíbe de ir.

Na antiguidade clássica o ser era o que se buscava conhecer, na modernidade o ser se torna uma abstração que não podemos mais tocar a não ser que lhe demos um nome próprio e concreto. Mas quando lhe damos um nome concreto ocultamos o ser, e ele se torna novamente intocável na tentativa que fazemos de tocá-lo. Na busca ele é o intocável, o inacessível. Aos nomes do ser, suas faces, seus modos de exposição, os filósofos da tradição até os contemporâneos chamaram de "ente". "Ente" seria o nome dado ao que oculta o ser. Mas o que oculta o ser também não é? Certamente, melhor é enfrentar a contradição de que o ser oculta o próprio ser. Na verdade, a realidade, um nome que podemos dar ao que há aproximando-nos do ser, é disposta em camadas: véus, tecidos, degraus.

O nome contemporâneo do ser, se seguirmos alguns dos filósofos que vêm combater a ocultação, é linguagem. A linguagem não compreendida como "ente", mas como aquilo que pode deixar aparecer o ser por trás do ente, ela como uma espécie de mão que retira véus. Esta é uma ideia bem parecida com a que Heidegger, um filósofo alemão do século XX, defendeu: um retorno da filosofia ao "ser". Pensando a linguagem como "desocultação" do ser, não devemos esquecer que, a palavra, por mais que ela apareça como algo que se dá à luz, ela mesma – mesmo que luz, mesmo que resposta, mesmo que exposição – é também novo véu, nova roupa. Tudo o que é usado para dizer o ser são nomes, formas, expressões, que, na intenção do desnudamento, põem uma nova cortina.

Assim aprendemos que aquilo que aparece é a essência revelada, ou seja, verdade desocultada, mas, ao mesmo tempo nova aparência: a essência das coisas se revela como aparência das coisas.

De que me serve pensar nisso tudo?
Creio no que vejo?
Percebo que "pensar" é o próprio processo da vida no modo humano da existência?
isso me diz algo?

Inventar conceitos / dar nome às coisas

•••

Quando invento conceitos busco palavras que os expressem. Sou como Adão no Paraíso inventando um modo de relação com as coisas, um modo de compreendê-las. A linguagem como nomeação define a aplicação do pensamento como batismo. O nome não serve ao obscurecimento do que existe. Quando tenho um nome este nome é o acesso que o outro tem a mim, o mesmo vale para as coisas. Achar a palavra perfeita que expresse algo não é apenas a imposição de um novo véu e sim a posição de véu que pode ser percebido e que, ao embelezar ou "tornar perceptível" o que vemos, realiza a sua própria contradição do véu. A cortina torna-se abertura e não tapume.

Podemos dizer que a filosofia é uma tentativa de expressar o ser pelas palavras. Poderíamos compreender o ser de outro modo? Podemos pensá-lo para além da linguagem? Tal é o desafio da filosofia, o de pensar o ser (e, mais uma vez, afirmo para refrescar a memória, que o ser é o que existe, o que há e está ao mesmo tempo) das coisas que não são linguagem por meio da linguagem. Porém, sem determinar uma verdade que se sujeite à língua. Sem exercitar o nazismo totalitário da língua que pensa imperar sobre outras tratadas como menores. A consciência do limite da feitura humana da linguagem precisa estar sempre presente. Toda língua e toda linguagem é circunstância, tempo e espaço, território e limite.

Para que o ser seja pensado em termos de linguagem, deve-se levar em conta o seguinte: tratar o ser em termos de linguagem, já que a linguagem é o veículo da expressão, não deve ser o gesto de abandono do conteúdo pela forma, do que deve ser dito pelo modo de dizer. Se a linguagem assume uma posição imperial sobre o ser das coisas, o ser mesmo nela se perde, torna-se o vazio sobre o qual nada pode ser dito. O efeito seria a eterna análise do que podemos ou não dizer do objeto sobre o qual falamos. Em termos éticos isso seria a redução do diálogo ao modo como se fala. Claro que o modo como se fala é fundamental, mas o que há para ser dito também.

O que Kant chamou de "coisa em si" foi um dos nomes do ser. A coisa em si era o que não podia ser conhecido e que só podia ser nomeado com uma expressão tão abstrata como a que lhe dá nome. A coisa em si expressa a ideia de algo sem relação com nada. Ela é o absolutamente sem relação. A rigor, não é possível pensá-la, mas apenas criar expressões que a designem. Ela é algo que se sustenta pela linguagem; o que há além dela é o que a linguagem não pode tocar. Talvez ela seja apenas uma casca de linguagem com a qual a própria linguagem afirma sua precariedade e sua potencialidade: a de dar nome ao nada.

O nada, que tanto já comentamos, jamais é algo que possamos esquecer, negligenciar ou subestimar. Há que lhe prestar atenção antes que ele ocupe o lugar central do cenário de nossas vidas.

Se a filosofia segue os limites do pensamento que visa a conhecer, o ser só pode ser compreendido em seus limites. Devemos então estabelecer tais limites ou podemos descobri-los? Podemos dizer que ela comunica o ser, mais do que o expressa? Que ela tenta compreender o ser, mais que comunicá-lo? Que o ser é o mistério com o qual ela se ocupa? A disciplina filosófica que o tratou como tema central foi a metafísica. Mas a metafísica não surgiu para discutir o ser. Seu nascimento é ele mesmo uma incógnita, a de alcançar o ser pelo pensamento, o que é bem diferente de simplesmente falar sobre ele. Quando penso no que não posso expressar descubro qual o limite do pensamento. Em nossa leitura, na forma das elaborações das frases e argumentos percebemos a potência do limite do pensar e da compreensão que, como leitores, podemos ter dele.

Logos e Mito – onde um começa e o outro acaba?

•••

No percurso pelo qual pretendemos chegar a uma compreensão da filosofia considerando o que ela pode, pensamos sobre a questão do ser e descobrimos que, ao tomar o problema do ser a sério, estamos desvendando a existência no que ela tem de compreensível. Os antigos inventaram a metafísica como área de estudos, uma disciplina para tratar a questão. Campo onde o que existe e o que é existir podem ser pensados. O nascimento histórico da filosofia relaciona-se ao surgimento desta questão e às palavras que nela fazem eco.

Costumamos dizer que a filosofia nasceu na Grécia Antiga numa famosa separação entre mitologia e metafísica – a tantas vezes comentada "passagem do Mito ao Logos", momento em que surgiu um tipo de questionamento que pretendia uma interpretação da realidade que fosse verdadeira sobre todas as outras, significa apenas um modo que temos de interpretar o advento e o acontecimento que foi a filosofia naquele momento. A filosofia sofreu transformações ao longo dos tempos, e a sua definição atual precisa estar atenta a essas modificações. Quando falamos em filosofia podemos estar nos referindo ao método criado pelos pensadores gregos, pois, afinal, isto faz parte da história do problema, mas é certo que não o esgota.

A análise e o conhecimento de termos usados na filosofia grega nos serve em dois sentidos: de um lado é preciso avaliar o aspecto inaugural contido em certas palavras que nos explica como algo surge, noutro sentido é preciso verificar a riqueza poética e crítica que o termo pode oferecer ao presente. Em outras palavras, por meio da compreensão de um eixo conceitual contido num termo ou expressão estamos convidados a reconhecer a sedimentação histórica e a fazer um exercício de reflexão que pode nos revelar nosso próprio presente.

Sabemos que a filosofia pode ser compreendida pela história de suas palavras. Uma das palavras mais conhecida, como mencionei acima, é Logos. É comum encontrarmos em manuais sobre o assunto que a filosofia inicia na oposição entre Mito e Logos, sendo o Mito a narrativa explicativa que se vale de imagens enquanto o Logos, como razão, é abstrato e dispensa as imagens. É certo que o trabalho do Logos sempre foi apresentado em filosofia, principalmente no início da experiência grega, como vantajoso em relação ao Mito, já que ele prometia fornecer resultados mais claros e seguros enquanto o Mito apenas parecia confirmar preconceitos. Os investigadores mais críticos tentarão mostrar que há também uma importância no Mito, que o trabalho do Logos não podia ocorrer isolado do Mito, que ambos se complementam, que a visão do Logos sobre o Mito se estruturou sobre um preconceito ou mesmo uma disputa de poder. E é comum vermos citado Platão, um dos primeiros filósofos que em seus textos muitas vezes utilizou o Mito (a famosa alegoria da Caverna do livro VII da *República* é uma espécie de Mito, mas mais adequado é citar como Mito especificamente o do andrógino sobre o amor no *Banquete* ou, na própria *República*, o Mito de Er sobre a reencarnação das almas e suas memórias) como fator elucidativo. A famosa alegoria da Caverna é uma imagem alegórica e explicativa da filosofia, o que apenas prova que o "racionalismo" da tradição não era tão radical, no sentido de que precisasse sempre eliminar a imagem e insistir na abstração absoluta para se manter.

O que é o Logos e o que é o Mito? Em que sentido há de fato um recalque do Mito pelo Logos? As perguntas que fazemos sempre podem ser pensadas como o que se mostra diante das perguntas que não fazemos. Existem perguntas subjacentes ou adjacentes a todas as questões que propomos. Perguntar sobre a definição de um ou outro, não é perguntar sobre sua essência como quem esquece a realidade e a presença que as coisas têm no mundo pela aparência, mas é certo que pretendemos atingir a essência (ainda que a palavra seja a aparência da essência) das coisas quando as definimos. E, por isso, se estamos realizando uma comparação, se temos dois elementos antagônicos a analisar e não invertemos a questão proposta para ver o outro lado das coisas, estaremos sendo parciais. Portanto, se perguntamos sobre o recalque do Mito pelo Logos é preciso perguntar também se o contrário não pode ocorrer, se o Mito não teria sido recalcador do Logos. A justificação da crítica do Logos ao Mito apenas é possível se corresponde a este parâmetro. Se o Mito realmente não deixava vir à luz alguma verdade. De outro lado, a verdade do Logos não poderia, para ser verdadeira, eliminar a verdade do Mito.

Pelo esquema anteriormente tratado podemos dizer que a ocultação do ser está para o Mito como a linguagem está para o Logos, mas se respeitarmos a dialética é visível que toda revelação é novo ocultamento e todo véu, ou seja, tudo o que oculta, é também o que se mostra, ou seja, algo revelado.

Neste ponto a história sempre é o ponto de apoio onde devemos buscar a verdade, pois o que chamamos de ser ali se descreve, mas é também preciso delinear o "mais razoável", ou seja, o momento da construção do pensamento que visa ao "dever ser", aquilo que só compreendemos pelo avanço da reflexão. Mas ainda não chegamos nele, pois o território da ética só aparece depois que passeamos no terreno da metafísica e o reconhecemos como solo fértil.

A história é o material da reflexão, mas ela só pode ser medida pelo presente, ou seja, pela importância e urgência de nossas questões. Por outro lado, neste ponto, nós aqui, eu que escrevo e você que me lê, nós que lemos, já estamos contidos no trabalho do Logos. A história é o conteúdo e, mais que isso, o continente da reflexão. A análise, a razão, a medida, a construção do argumento já são típicos da função do que os antigos chamaram de Logos (função também retórica). Tal palavra tinha a ver com o cálculo. Razão é o nome para a medida das coisas, inclusive da matemática. Hobbes, no século XVII, comentou em sua obra O Leviatã que palavras são como números e que linguagem é como matemática.

Os sofistas ficaram historicamente conhecidos como mestres da erística ou arte de vencer um debate que se valia do uso estratégico da racionalidade mediada pela palavra. Eles fizeram da linguagem um cálculo. Mas os sofistas não foram apenas o que Sócrates, nos diálogos platônicos, disse deles. Podemos pensar que, neles, a razão estava amalgamada à linguagem e que a linguagem era o modo como nos relacionamos uns aos outros. Mais do que um meio de convencimento era o básico instrumento de vida e experiência, o que levava seres humanos à vida em comum. Se, para Platão, o Logos era principalmente a manifestação da Ideia, para os sofistas ele era principalmente linguagem. Isto significa que a linguagem era algo prático, o instrumento das decisões e, como tal, podia ser manipulada.

O horror da linguagem escrita sobre a qual já mencionamos que vemos em Platão e Sócrates é também horror da morte em todas as suas representações: materialidade, concretude, vida sensível. O significado da verdade como ideal e nunca real se devia também à compreensão de que, sendo abstrata, estava livre dos horrores do perecimento. Ora, como podia a verdade não ser eterna?

A linguagem não era apenas porta-voz do insuportável, mas a sua presença como presença da morte.

A morte ou a finitude: por que se diz que filosofar é aprender a morrer?

•••

A falsidade de que falava Platão pela boca encenada de Sócrates vinha da concepção de que o mundo em que habitamos é finito. A morte é um fato inescapável. Mas Platão associava o caráter efêmero da vida, da "perecibilidade" das coisas à falsidade e ao anseio de uma verdade logicamente imperecível. A morte não podia ser a verdade, pois a verdade não podia reduzir-se à morte. Era como se a nossa morte e o poder-morrer nos tornassem falsos. Platão tinha certa razão, pois é sempre difícil de conceber que o que mais buscamos, o que mais amamos (no caso dos filósofos, a verdade), seja o pior que podemos esperar, a negação de todas as coisas.

Estar mergulhado no mundo onde a vida é passagem pode ser para muitos um fato assustador. Um fato que talvez precise, a todo custo, ser negado. Por outro lado, não sabemos avaliar o quanto este fato é negado e sua negação, em medidas incorretas, pode ter providenciado um mundo falso.

Não podemos saber da morte. A linguagem pode bem ser a tentativa de escaparmos dela, de tornarmos a existência suportável. Não podemos estabelecer nenhuma certeza sobre o que ocorre após a nossa morte, se a imortalidade do que Platão chamou de alma é algo viável. Não podemos conhecer este fato. Neste momento os limites da condição humana – de nossa experiência e de nossa capacidade de pensar – podem vir em nosso socorro. O mundo e a vida são para nós o que podemos conhecer. E, se há mais que isso, que seja avaliado no momento em que a experiência chegue a nós e sua percepção se torne possível. Por enquanto, sobre a morte podemos apenas saber como experimentamos a dos outros, como meditamos sobre a nossa. Epicuro, na Grécia antiga, pensava que quando a morte está, nós não estamos; quando somos, ela não é.

Tentamos superar o horror da morte. A linguagem, tanto quanto a ciência, a religião e a arte nasceram desse horror: do medo de voltar ao desconhecido do qual saímos e de enfrentarmos a escuridão, a perda de nosso corpo e de nossa experiência. É isso o que moveu Platão e os dualistas (aqueles que acreditaram que a alma e o corpo, como a matéria e o espírito, eram independentes), de um modo geral, a uma bipartição do mundo. No fundo do horror ao corpo, do menosprezo pela sensibilidade, da simples vida, está o arcaico horror da morte. A civilização exclui tudo o que remete a ela ou a ela se relaciona, mesmo sem perceber que está dentro dela e que dela depende.

O que precisamos avaliar é a estratégia de bipartição do mundo, pois ela foi uma solução que a mente humana organizou para superar o horror. A existência de dois mundos é uma estratégia da razão: um mundo além é necessário quando permite a vantagem de uma verdade infinita enquanto não perecível e, por outro lado, um mundo tratado como inverdade também é necessário enquanto sua negação sustenta a esperança. Somente a esperança pode salvar do horror da morte enquanto ainda não nos habituamos a ela.

Mas é preciso perguntar por que precisamos de um mundo além do nosso? O que ele nos permite além de alienar-nos do que dispomos e podemos conhecer? Após a modernidade, ou seja, o período histórico iniciado no século XV que demarcou o questionamento sobre o sentido de nossa existência em relação à religião, podemos ainda permanecer crédulos? A questão é bem mais complexa: hoje trata-se não apenas de usar a racionalidade, mas de levar adiante um processo de responsabilização pelo modo de racionalidade que usamos.

A ideologia ou estratégia de dois mundos se tornou inviável para nós. Já não podemos contar com duas chances, nossa interpretação do mundo é, a cada momento, chamada à razão. E, mesmo que houvesse dois mundos, a razão – como razoabilidade – nos chamaria a tratar a cada um conforme o respeito merecido. Enquanto estamos cá e não podemos estar lá, nossa responsabilidade é territorial.

O caminho que percorremos foi o que nos levou à reflexão sobre a morte. Partimos do Logos para a morte e realizamos, neste ponto, um passeio tipicamente filosófico. Mas o início e o ponto final desse percurso terão algo em comum? Aproveitando o caminho seguido, eu gostaria de parar e contemplar a questão do Logos tentando tocar em seu conceito. Lembremos da famosa frase de Michel de Montaigne: "filosofar é aprender a morrer"; ela poderá nos auxiliar na elucidação do problema que aqui enfrentamos. Qual a relação entre o Logos e a morte? Entre a razão e a morte?

Se Montaigne tem razão e a filosofia é um aprendizado do morrer, ela significa muito mais um modo de acompanhar a finitude pelo pensamento, sabendo observá-la, deixando que nos ensine, que nos diga, que nos mostre sua verdade, a verdade de um mundo que não é eterno e, por isso, tem a marca de uma aventura.

Não teria Platão (já) aprendido a morrer ao ser filósofo? Por que sua filosofia poderia ser pensada como uma fuga da morte ou uma tentativa de legitimar um lugar não atingido pela morte?

Desde quando a mortalidade nos torna lúcidos? Ou ela nos torna cada vez mais irracionais e bárbaros em perpétua guerra de todos contra todos?

A razão: uma promessa cumprida?

•••

Qual a garantia contra a morte que ultrapasse o mito, a alternativa religiosa e, ao mesmo tempo, sustente o sentido para além da compilação da memória que podemos alcançar pelo trabalho com a história? Em outras palavras, como a filosofia pretendeu conviver com a morte desde que foi chamada ou criada a oferecer a melhor alternativa como garantia contra a morte?

A razão, outro nome pelo qual podemos traduzir Logos, além de linguagem, é a mola do método (do modo de pensar), e a maior esperança da filosofia. Aquilo sem o quê não haveria filosofia. A filosofia, em relação à morte, também foi a construção dos alicerces pelos quais podemos sempre justificar a morte e torná-la menos horrível. A opinião divide-se entre os que veem na morte o sentido e os que a consideram o absurdo. Será a razão a melhor alternativa contra o horror da morte?

A razão avança junto da história da humanidade a ponto de que esta poderia ser avaliada a partir daquela. Aos poucos a razão tornou-se algo comum nas instituições, chegando ao comando das vidas de indivíduos. Se avaliarmos a história do Ocidente a partir do advento grego da filosofia, podemos dizer que a razão nasceu como um valor enquanto era Logos, passou a ser um instrumento da religião no período medieval, voltou a ser um valor no início da modernidade, passando, no período contemporâneo, a ser novamente instrumento, sendo que presenciamos a reivindicação constante de maior liberdade e racionalidade – seja nos movimentos pelos direitos humanos, nos movimentos feministas, nos meios de comunicação e intelectuais que lutam pela liberdade de imprensa e expressão, nos movimentos pela libertação política, na luta pela anistia internacional. Podemos então dizer que nos períodos históricos em que a razão é um valor mais do que um instrumento ocorre sempre um avanço da liberdade. Mas que capacidade temos nós de sustentar a razão? Não teria sido ela apenas uma promessa de cuja esperança, ingenuamente, vivemos até hoje?

A razão renasceu no século XVI com o advento do heliocentrismo, a revolução copernicana, a falência da ideia de Deus. A razão nasceu como um elemento transformador do Mito, como uma promessa de liberdade em relação à verdade pronta e acabada. O uso da razão era a promessa de que podíamos ir além de nossos dogmas e preconceitos, só a razão podia prometer garantias sobre o saber sem qualquer tutela. A libertação pelo pensamento, a ideia de que chegaríamos ao poder pelo saber, surgida nos textos de Francis Bacon na Inglaterra deste período, está ainda presente em nossas concepções atuais mesmo diante de um capitalismo que impõe a abstração do capital como nova medida do poder. O saber pode não ser tão evidente quanto o capital, mas pode, inclusive, submetê-lo. Porém, estabeleceu com ele uma aliança cujo teor ainda não foi amplamente compreendido.

A secularização que iniciou no século XVI e avança a passos largos não eliminou, obviamente, a crença religiosa. Novas religiões surgem e velhas religiões se renovam, mas é certo que arrefece a ideologia religiosa enquanto a ideologia científica penetra cada vez mais o nosso cotidiano. É muito difícil que, após todas as lutas iluministas, os fundamentalismos – ainda que existam – não sejam criticados, e o mais comum é esperarmos interpretações e ações racionais dos que conosco convivem ou que observamos no comando dos poderes estabelecidos. Assim como vivemos da promessa da razão como orientadora de nossas vidas concretas e em sociedade, cremos na política sem, todavia, uma crítica de nossa responsabilidade em relação a ela.

A crença na razão é a nova religião da razão. Como tal ela implica um desconhecimento do seu objeto. Não sabendo o que pode a razão, mas apenas confiando nela, tanto deixamos de usar seu potencial em nosso benefício (ainda que ela tenha nos ajudado em muitos aspectos), quanto fomos vitimados pela ignorância acerca do que ela é capaz, de seus obscuros poderes.

A sensibilidade: sombra da razão?

•••

A palavra *Taumas* nos obriga a pensar que em filosofia a razão, que é representada pelo Logos, está intimamente associada à sensibilidade. Ora, *Taumas* é um espanto com as coisas que existem. A admiração é a irmã gêmea do Logos, sem ela não haveria filosofia. Não basta dizer que ela está no começo do pensar, pois ela acompanha todos os procedimentos filosóficos. Ela aparece quando nos sentimos como que "tocados" por um tema, uma questão, um problema que exige nossa reflexão.

Na base de toda reflexão está uma experiência de sensibilidade. Kant tratava a experiência como sensibilidade. No século XVIII, quando surgiu a disciplina da Estética (da palavra grega *Aisthesis*, que significa sensação ou sentido), Baumgarten, seu pai alemão, pretendeu recolher numa área de pesquisa todo o conteúdo que não cabia nas operações mentais e lógicas da razão. O conteúdo dizia respeito a tudo o que chamamos de sensibilidade. Usamos tal palavra para falar da esfera de nossos sentimentos que são elaborados, que já fazem parte de alguma história – seja a pessoal, seja a de outros, seja a história coletiva. A sensibilidade tem íntima conexão com o inconsciente que se refere aos conteúdos recalcados, o que não sabemos sobre nós mesmos, o que reprimimos ou não queremos saber sobre nós mesmos. O sentimento é sempre a elaboração de uma impressão, de uma sensação mais primitiva. A sensibilidade é o território físico, mental, psíquico onde começa nossa subjetividade, que nada mais é do que aquilo que nos faz ser assim e não de outro modo. A subjetividade é o território onde habita nosso eu.

Será também a subjetividade a nossa primeira ilusão sobre nós mesmos?

Se pudéssemos analisar e compreender nossos sentimentos, poderíamos comandá-los pela razão?

Sabedoria

•••

A definição de filosofia está ligada ao conceito de sabedoria que é historicamente anterior aos conceitos de ciência e de arte.

A sabedoria não era apenas anterior ao primeiro conceito de ciência, a episteme dos gregos, ela era mais ampla que a ciência. Enquanto *Sofia*, ou seja, sabedoria teórica, a sabedoria era conhecimento do universal, dos primeiros e últimos princípios, da verdade que vai além do que podemos ver. Enquanto *Phronesis*, ou seja, sabedoria prática, dizia respeito à relação estabelecida entre a particularidade dos fatos da vida cotidiana e os valores universais de uma cultura. A sabedoria não era algo sistemático, mas algo pragmático que visava a um propósito: o da vida justa, um ideal cuja consistência se punha para além da possibilidade de chegar à verdade com que a filosofia passou a se definir como episteme.

Algo desse propósito foi recalcado e é, todavia, reivindicado em nossos dias. O que se exige hoje não é a "utilidade" da filosofia, mas a sua realização como parte da vida. Na antiguidade grega – quando a filosofia tornou-se um estudo e um trabalho sistemático – a filosofia apareceu como amor à sabedoria. O que podemos traduzir em outros termos: desejo pelo saber, amizade pelo saber. Mas antes disso, quando a palavra filosofia aparece no século V a.C. na escola pitagórica, ela simboliza um modo de vida. Ela é o nome que se dá à reunião dos homens dispostos a uma vida contemplativa, a *biós theoretikós*. A disposição de viver "contemplando", ou seja, viver segundo a possibilidade de "teorizar" – o que significa dizer que se está olhando ao mesmo tempo que pensando sobre o que existe – é o motivo comum que une os participantes da escola pitagórica.

A filosofia era em seu início mais que um desejo de saber: ela existia como circunstância do "estar junto" de homens que compartilhavam o mesmo ideal da contemplação. Hoje a filosofia também pode ser o encontro entre amigos que buscam o ideal comum do conhecimento. A filosofia é algo "em comum" desde os seus primórdios.

Há um momento infinitamente escuro no ato da filosofia. A ignorância que dava a Sócrates seu momento sábio e irônico é um lugar de profundo horror. O horror metafísico de não saber e, sobretudo, saber sobre o não saber. A ignorância é o horror dos filósofos, mas, ao mesmo tempo, um elemento que não pode ser abandonado. É negativa e positiva ao mesmo tempo. A ignorância é a medida do conhecimento. É, por outro lado, um prisma crítico. A verdade da filosofia é a ignorância: quanto mais se sabe, descobre-se que mais não se sabe e que o mistério das coisas pode ser infinito. Ela é tanto a certeza das certezas, uma evidência de última ordem, quanto o relógio que, ao lado, define quando chega o tempo da crítica.

Mas a filosofia, que se diz de muitos modos, é um trabalho com a verdade e a interpretação. Duas coisas que interagem. A filosofia é uma fala, um discurso que visa à expressão da verdade, à interpretação das coisas, mas também à construção de um espaço de comunicação. Pressupõe-se nela a relação. A imprecisão do pensar precisa avançar até a comunicação com o outro. É um longo caminho a ser seguido. A filosofia é, por isso, um estabelecimento de laços pela palavra.

3

Filosofia como ação

"Mais pensamento" como ação

•••

Voltemos um pouco ao início do processo do pensar e enfrentemos um novo viés.

A imprecisão, o "vago" onde a poesia e a filosofia vão recolher seus elementos, pode ser uma lassidão de pensar: preguiça. Ela insinua uma potencialidade não consumada até o fim, algo que poderia ser feito. A preguiça do pensamento é a do pensar que não se tornou "mais pensamento" por estar desatento. Que o pensamento não basta não significa que se espera avançar para a ação, como seria fácil de se supor, sair do pensamento em sua lassidão e "fazer algo": a filosofia é o pensamento que exige "mais pensamento". Pensamento para fazer avançar o pensamento. A ação fundamentada – que se construiu com base em um "pensamento pensado" – aparece bem depois que o pensamento se descobre como, ele mesmo, uma ação. A ação não é a negação do pensamento, ela está para o pensamento como a flecha lançada está para o arco. O pensamento, neste ponto, aparecerá como mediação da ação, mas também como mediação do pensamento. Aí ocorre que o pensamento age sobre si, interage consigo mesmo: pensa-se e ao pensar-se se define de outro modo, tem outra qualidade. O que os filósofos chamam de reflexão é esta ação do pensamento sobre si mesmo. Penso e penso sobre o que penso, e penso no que penso e no como penso, ou seja, "penso mais". Apenas assim posso concluir que penso como alguém que "filosofa". Por isso, quando creio que alguém tem preguiça de pensar, o que está em jogo é que tal alguém não fez uso de "mais pensamento".

A atenção permanece sendo uma possibilidade, mas já vai se tornando uma exigência.

Se o poeta – e todo artista – pode transformar a realidade pela arte, o filósofo precisa reconhecer a realidade pelo pensamento. Ele dá passos lentos em sua caminhada. Transformar a realidade será uma possibilidade posterior. A filosofia não é, neste caso, pura arte, ação criativa em sentido estrito que remodela o real. Antes da criação dos conceitos – porque a filosofia é, sim, arte de criar conceitos – ela precisa afundar na ordem escura do real. O que chamamos de "ser" oposto à ordem da representação. A filosofia precisa ser fiel ao real, fiel ao ser, ao seu absurdo bem como à possibilidade de conhecê-lo explícito na aparência das coisas. Se ela o considerar resposta, ao invés de pergunta, não terá mais objeto, tornar-se-á religião, dogmatismo ou algo parecido. Todavia, sem o afundamento no conhecimento, a filosofia não é distinta da arte. Assim como, sem a criação de conceitos, ela não se distingue da ciência.

As palavras são o começo da ação

•••

O filósofo deve ser um juiz de palavras, mais que seu colecionador, mesmo sendo um amante das palavras. Insisto nesta questão porque o processo do pensamento depende delas. O filósofo deve buscar a metáfora, ou qualquer outra figura de linguagem que expresse o traço conceitual (o desenho que podemos ter das coisas) e que aparece quando a intuição intelectual entra na cena argumentativa. A intuição intelectual nada mais é do que a capacidade imediata de forjar ideias e conceitos, modos de pensar as coisas que existem.

Isto é uma habilidade adquirida ou inata?

São as palavras que carregam a sabedoria filosófica, que a produzem. Palavras são meios que, enquanto tais, têm a capacidade de justificar e legitimar fins. Sem elas não há ação política, a ação para o bem de todos que não deve ser deixada na mão de profissionais, pois define a própria condição humana e a liberdade de cada indivíduo. O uso das palavras constitui jargões, jogos, mundos. É pela palavra que se constitui a dominação e a libertação. Os conceitos estão por detrás delas, como intenções por trás de realizações, portanto, é preciso cuidar das palavras que constituem as ações filosóficas que compartilhamos. A ação cuidadosa com as palavras é ética. *A ética é também uma forma de relação entre palavras,* e, por consequência, das ações. São as palavras que garantem valores como confiança, verdade. Muitas são em si mesmas ações, como as palavras que envolvem promessas.

Por outro lado, toda ação será filosófica, se prestarmos atenção ao modo como as trabalhamos, como fazemos delas os sustentáculos de nossos sonhos, desejos, ideais, ou de medos e negligências. E toda ação será ética, se pensada e realizada com responsabilidade. Responsabilidade por sua vez é uma palavra que usamos para a esfera ética, mas cujo significado provém da linguística: em sua etimologia está presente uma ação de linguagem que é a "resposta". Responsável é aquele que é capaz de "responder".

A filosofia vai se mostrando como mais que pensamento, como ação que se dá quando reconhecemo-nos como seres de linguagem capazes de articular o mundo por meio de palavras, de perguntar e responder. Todo diálogo e todo encontro nele baseado é lugar de ética.

Limites da linguagem – abertura do corpo

•••

Os escritos filosóficos são, sobretudo, meios para um encontro entre diferenças. Platão quis apresentar o fundamento deste encontro para além da disputa pela verdade, deixando a verdade ser um acontecimento, uma reminiscência que viesse à luz a partir dos recônditos da alma, de seus lugares não visitados, como uma descoberta de uma interioridade profunda que dizia da condição humana, mais do que uma produção intelectual. A filosofia deveria ser a ação do pensamento, mais do que uma armação da linguagem tal como ela era para os sofistas.

Os sofistas, sabemos, não eram apenas enganadores pelo uso que faziam da linguagem, mas também pensadores que estavam atentos às possibilidades da linguagem. Tal julgamento precisa estar presente quando pensamos no motivo pelo qual Platão e Sócrates se opuseram a eles. O que os filósofos pretendiam contra os sofistas era outro trabalho da linguagem, não sua destituição, nem, por outro lado, que a filosofia se restringisse à linguagem.

Mas se a filosofia depende da linguagem, por que para ela a linguagem sempre foi um problema, um obstáculo?

Ou um desafio?

A filosofia nasceu como um gesto que pretendia mais do que a escrita, sendo esta apenas uma consequência documental do trabalho do pensamento. Mas o fato é que a evolução da escrita modificou, como acontece com o avanço das mídias, o caminho seguido pela filosofia. Ela se tornou também literatura e, infelizmente, não é difícil dizer que, em muitos momentos, apenas isso. Com isso, não quero afirmar que a literatura é "menos" que a filosofia. É preciso, mais uma vez, salientar que enquanto o gesto típico da literatura é o da criação de uma escrita, o gesto típico da filosofia é o da criação de uma ação da qual o pensamento – e sua escrita – é apenas a mola propulsora. A filosofia possui um momento literário: o momento da elaboração da linguagem em forma de texto; e outro momento performático. Nela está em jogo a possibilidade de uma "grafia", um registro do pensamento como escritura – o que relaciona a filosofia com o trabalho com as palavras e faz da escrita mais do que escrita –, e uma ação que envolve mais do que a decisão a partir do pensamento, mas o corpo.

É neste sentido que nela se dá uma performance. O corpo está ali e as palavras estabelecem trocas que são corpóreas: o pensamento se elabora do corpo como corpo – que vê, sente, percebe, intui – ao corpo das palavras. O mero discurso foi superado na amplidão do todo individual (ele mesmo sempre relacionado ao que está além dele). Se precisamos avaliar com delicadeza o processo do pensar é justamente para entender como ele avança em algo que, ao mesmo tempo, o ultrapassa e o mantém, no sentido de algo que é superado e guardado naquilo que Hegel, no século XIX, com o termo alemão, chamou de *Aufhebung*: uma superação sem esquecimento.

Encontro, identidade e diferença

•••

Hoje, com o advento da internet e com o aspecto interativo do hipertexto, a filosofia pode realizar uma conjugação rápida entre seus aspectos principais: a elaboração do texto que carrega pensamentos e a construção do debate público por meio do encontro. A construção de *chats*, fóruns e *blogs* em que a discussão sobre todo e qualquer tema se apresenta de modo refletido, demonstra tanto a democratização do saber e da dúvida quanto a coragem do conhecer que lhe é imanente, facilitada pela técnica neste momento específico de sua evolução. A democratização diz respeito a uma abertura de gestos que escapam do controle das instituições e dos poderes estabelecidos. Democracia é ruptura com a dominação. A filosofia é, ela mesma, uma atividade democrática: a partilha do saber e, para dizer em uma palavra que devemos gravar: encontro.

Todavia, é imprescindível que o promissor avanço da internet como tecnologia de aproximação e encontro seja sempre visto de um lugar crítico. A internet, com toda a promessa de relação que nos anuncia, pode nos enganar. O encontro no espaço virtual não substitui nem supera o encontro concreto, e, ainda que elimine distâncias, não elimina todas as existentes.

A maior verdade que a internet põe em cena é a de que toda relação envolve também sua ausência. Ou seja, toda ligação também se situa a partir de seu impedimento. Só existe relação entre pessoas justamente porque a relação não está dada, todo encontro envolve movimento de um em direção ao outro para que uma ponte se construa entre eles.

A construção da distância é algo que precisamos compreender. A distância é o nome próprio da separação, ou seja, da não relação. Para pensar é preciso entender as relações entre as coisas, mas também a ausência de relação que preside, e mesmo possibilita, as relações. A aproximação é o primeiro momento da relação. Não há relação sem aproximação, nem distância sem separação. Mas, ao mesmo tempo, tudo isso se confunde. A esta "confusão elucidativa" chamamos de dialética: *dia-legéin*: troca de razões de pensamentos, de linguagem, mas também pensar individualmente levando em conta o que se sabe a partir de outro e a própria ignorância. A relação é a dialética entre aproximação e separação, não é absoluta identidade, nem absoluta diferença – se quisermos usar termos com os quais nos habituamos a pensar a filosofia.

A identidade implica a possibilidade de se chegar muito perto das coisas: o sonho de tocar nas coisas que existem com os conceitos e as palavras que o revestem. O único modo de compreender a identidade é levando em conta a diferença, pois esta controla o impulso da identidade de ser absoluta, ela demonstra seu limite, ou seja, a impossibilidade da identidade absoluta. A distância pode ser interpretada como aquele vão que há entre as palavras e as coisas, entre os pensamentos e a realidade. Tal "vão" é um oco, um buraco, um abismo, sem o qual não compreenderíamos a particularidade das coisas, por isso ele é gnosiologicamente – ou seja, do ponto de vista do conhecimento – necessário. Necessário não porque precisamos dele ou o desejamos, mas porque ele está sempre ali, como algo inexorável. Sem ele, sem esta distância assim declarada, não somos capazes de estabelecer nenhum conhecimento. O conhecimento não é nunca chapado, fechado, plano. Isto deve nos fazer pensar que o conhecimento nasce sempre, obviamente, de sua falta.

Sem a identidade que é produzida nas conexões entre as coisas, não haveria conhecimento. *O pensamento é o que produziu a conexão, é o que leva ao conhecimento.* A identidade providencia a possibilidade de falar das coisas: com ela podemos fazer conexões e estabelecer conjuntos, somas, totalidades. Mas a identidade é sempre secundária, ela se sobrepõe às particularidades. Entre as particularidades existe um abismo, o oco fundamental que impede o fechamento de sistemas do saber. A separação e a distância, assim como a aproximação e a identidade, são categorias também éticas, pois garantem a significação da relação entre seres humanos, que é o que se precisa conhecer para entender as ações.

Interpretação e ação

•••

A crença de que a filosofia era escrita filosófica foi um dos fatores que levou à separação entre filosofia e realidade. Teria sido realmente a escrita a responsável pelo abandono da prática da filosofia? É possível, por outro lado, que o tempo da virtualidade que ora experimentamos, nos recoloque na possibilidade de "fazer" a filosofia, de realizá-la na prática? Não será o fato de a filosofia tornar-se literatura um sintoma de sua incapacidade em mudar a vida na prática? Ou seja, não seria ao contrário, a escrita filosófica o último refúgio para a teoria como algo separado da prática?

O problema da relação entre teoria e prática foi muito bem expresso na famosa frase de Marx em sua 11ª Tese sobre Feuerbach. O pequeno texto de Marx diz que "a filosofia até agora se ocupou em interpretar o mundo, cabe transformá-lo na prática". O "até agora" é o século XIX de Marx e o limite desse processo de produção de diagnóstico feito pela filosofia que, promete ele, será modificado pelo avanço do pensamento rumo à transformação da realidade. Exatamente a promessa de sua filosofia.

A filosofia de Marx fez uma promessa que não pode cumprir. O estigma de fracasso a acompanha desde os evidentes erros da Revolução Russa, e a queda do muro de Berlim aparece como a prova prática do fracasso da teoria. Não é possível simplesmente atribuir tais erros históricos ao pensamento de Marx, que é, em seu todo, bem mais rico do que a opinião vulgar faz dele. Mesmo considerando que as teorias têm responsabilidade pela prática que nelas se inspira, mais pertinente é prestar atenção à frase e ver seu real alcance. A proposta de Marx, sobretudo, não se diferencia de outras filosofias – tal como a Iluminista, que trazia em sua construção a promessa de livrar, pela racionalidade, o ser humano da ignorância e do obscurantismo e que foi, na prática, negada pelo avanço dos fundamentalismos e das guerras, dos fascismos e autoritarismos.

Marx revelou um aspecto da filosofia que não podia ser negligenciado. Se por um lado a filosofia sempre se apresenta como utopia, ou seja, como construção que ainda não encontrou um lugar real, sendo, portanto, sempre "idealista", antecipando pela teoria o que "deveria ser" na prática, por outro lado ela revela a atenção necessária à efetivação do conhecimento como transformador da realidade e construtor de uma vida justa. Filosofia é aquela teoria que se faz "como ação".

Onde a filosofia pode se efetivar hoje? É preciso realizar a potencialidade implícita no método "filosofia". Para responder esta pergunta, sugiro que voltemos a uma questão abordada em momentos anteriores. A questão nos propõe um desafio, o de responder a esta questão prática olhando para algo de aparência muito abstrata.

Dialética ou brincar de pensar: dançar...

•••

O pensamento – quando avança – é a capacidade de representação e, ao chegar à filosofia, é a representação que é posta em dúvida e re-colocada. Neste ponto, a filosofia é "pensar o pensar", mas pensar para ir além dele. Pensar o pensar para deixar de pensar? Não, mas para atingir sua ordem mais funda. O real, fundo e assustador, com garras de bicho feroz, é o objeto que a filosofia – como pensamento em ação – persegue. Real é o nome que podemos dar à união de aparência e essência. A filosofia é, como busca pelo real, uma tentativa de sacar a verdade do mundo pelo conceito, mas não como quem captura uma bela ideia, nem como quem acessa uma certeza (ainda que haja sempre muito prazer nisso). Então, a filosofia se torna uma re-instauração do real, uma reinvenção do mundo.

O real é o verdadeiro nome das coisas que mora em sua aparência. Os filósofos muitas vezes – a maior parte da história da metafísica sustenta-se nisso – separaram o mundo em aparência e essência. Hegel se deu conta de que a aparência era a essência assim como Schopenhauer tentou fundamentar a ideia de que o mundo representado era a exposição de uma verdade subterrânea. Estamos diante da dialética. A primeira vista uma espécie de confusão de conceitos, um raciocínio elíptico que em sua sinuosidade pode beirar à enganação. Afinal, haverá confusão que deixe aparecer a verdade? Se o pensar busca, quando filosófico, escapar ao emaranhado confuso das sensações e impressões, como ele pode chegar à dialética que parece renovar a confusão? De que serviria pensar em elipses quando todo o projeto do pensar filosófico parece existir para retirar-nos da dúvida, para trazer clareza ao escuro da nossa ignorância? Se pensar filosoficamente começa com saber o que é pensar e no que pensar, a dialética, porém, aparece como o segundo grau de atenção do pensar. Ela se dá após a renovação do emaranhado que a própria filosofia nos arranja: questiono o emaranhado confuso, crio representações e re-instauro o emaranhado confuso a partir dos dados novos.

Estou brincando de pensar? Não, mas certamente pensar é, em primeiro lugar, um fato lúdico. Por isso, podemos dizer que, se a filosofia é a dança do pensamento, a dialética é uma coreografia espantosa. Aquele que pensa, num primeiro momento, não visa a nada, apenas deixa acontecer. Mas quando entra em cena a atenção, não é a negação do lúdico que veio impor a dureza do trabalho, sim, o afundamento no lúdico que permite o devir do pensar. O lúdico não é apenas o jogo, a estratégia, a brincadeira, mas a tentativa, a busca, a possibilidade de ir por um lado ou outro, bem como a capacidade de representar, de teatralizar. Pensar é como dançar com uma música desconhecida que é o real. Todo pensamento implica, em sua interação com o concreto, o aspecto da performance. O pensador não é estático, nem simplesmente passivo diante das coisas, nem simplesmente ativo. A filosofia como dança do pensamento é uma imagem com a qual podemos avançar. A dialética combina com isso: não é um movimento que se imponha, mas passos básicos que permitem permanecer sobre o chão considerando sua instabilidade.

O que até aqui chamamos de método pode ser pensado como uma coreografia, ou seja, um arranjo, um desenho que se movimenta para criar uma imagem que apareça como esplendor, como verdade. A filosofia está para o espírito como a dança, para o corpo. A verdade que a filosofia busca não é só o que revela outra coisa, mas o que se revela.

E para o que revela o outro, ou se revela, precisamos ter atenção.

Atenção e ócio

•••

Não há possibilidade da filosofia sem atenção. Podemos dizer que a filosofia é uma forma de atenção. Esta é a sua chave mestra dentre tantas outras que abrem portas variadas nesta casa de todos. Se a filosofia puder aumentar a atenção no mundo da vida das pessoas, se puder enfatizar nossos focos e aumentar nossas lentes, ela terá cumprido sua meta com louvor.

Pensar é, em filosofia, o que se esboça pela atenção. Pensar é o material próprio de uma escultura que a atenção erige em teoria concatenada. Ressalvemos: não apenas para explicar o mundo, mas para mostrar que ele pode ser outro sendo diferente a partir do momento em que se promove o encontro filosófico. Ela implica um labor: o da concentração. Este implica um tempo: o da demora. A diferença entre o meramente pensar e o pensar qualificado, a que chamamos de filosofia, é que no primeiro o tempo corre sem rumo, desatento, no segundo o pensamento encontra um objeto (que pode ser ele mesmo) sobre o qual se debruça e, sabendo que o tempo corre, revoluciona o tempo.

É o tempo do pensar. Se no primeiro temos o simples ócio (nada pensar, nada fazer), no segundo não teremos sua negação, mas sua qualificação. O ócio é como o mangue do pensar: nele floresce toda forma de vida. A atenção é mais que o contrário do ócio; é o que permite perceber que "o ócio é o mangue do pensar". Ela é a força da percepção que só aparece quando estamos soltos do labor, embora implique uma semelhança com o labor. Mais correto é usar aqui o oximoro (uma contradição entre os termos): o labor do ócio. Ela nasce dele, é a sua orientação criativa, sua e-labor-ação.

Na atenção, o ócio é a porta da fantasia.

O elogio do ócio é antigo e contemporâneo. Sabemos que os artistas dependem de seu bom uso, do mesmo modo os filósofos. O pensar, ele mesmo, não ocorre sem ócio: sem o nada fazer, o a nada visar, o deixar-seguir do pensamento. A filosofia, neste momento, é a qualificação do tempo pelo ócio. Se desatento, o pensar está solto no mundo em estado selvagem. Se armado sobre intuições, o pensar ainda não é livre. Tudo deve vir depois, respeitando o grau zero do pensamento: o nada que conhecemos bem. E se não é livre o nosso pensar, não somos – como seres supostamente pensantes – livres. E se não somos livres, não sabemos o que é experimentar algo. Por isso, a filosofia implica mais. Afinal, pensar não é um verbo intransitivo: penso em algo, penso para saber, para ir além do pensar.

Tempo de filosofia: pensamento como travessia

•••

O fragmento de Heráclito que canta umas das mais famosas frases da história da filosofia ainda nos serve de guia. Ninguém pode banhar-se duas vezes no mesmo rio. A filosofia nos ensina esta impossibilidade por meio de um artifício lógico. O rio passa porque é feito de água a correr. A ideia que o rio carrega é a da passagem da água como decorrer natural do tempo e o movimento como seu sinal. Heráclito mostra que nada é o mesmo, o diferente vence toda a inércia. Não há inércia, senão como imagem, conceito. O que há é o antes e o depois, o que foi e o que será, o passado e o futuro, e no meio de tudo o que era e será, o abismo do presente, do ser, ele mesmo intangível, absurdo, imponderável aquém da passagem, o real como algo que precisa ser descoberto e inventado ao mesmo tempo.

O movimento é o ser. E o pensar.

Mas o que é o ser? Quando lhe desenho asas, encontro o pensar.

E o pensar?

Neste ponto, descobrimos uma pergunta nova: quando experimentamos o pensamento, se o ser é o que nunca experimentamos?

Novamente é preciso voltar atrás.

É certo que o simples fato de se descobrir existindo porque se pensa, de se ter a garantia da existência do eu pelo pensamento, não é a garantia de que se experimentou a existência inteira. Pensar é saber pensar, mas saber pensar só ocorre quando uso o pensar para além dele mesmo, para além da autoconsciência, como algo que pode alcançar o que está fora do pensamento. Quando penso e logo existo, descubro que pensar o eu não é pensar as coisas fora do eu, pelo menos não diretamente, nem de modo simples. Pois ainda nem conheço os limites do meu eu. Se o pensar se esgota em si, ele não realiza sua função. Ali, no cogito (o "penso, logo existo" de Descartes) se experimentou o pensamento porque este chegou à autoconsciência. Não é possível pensar sem este momento infinitamente solitário que nos dá nossa capacidade lógica. Penso, logo existo, disse-nos Descartes, e isto não é nenhuma verdade estática. É o mandamento interno de todo filósofo. Porque penso e logo existo, posso contribuir para a produção de um pensamento que só eu posso ter, o meu pensamento.

E assim seguimos esta roda da filosofia, tal qual a roda da fortuna.

Se o pensar dá voltas em torno de si mesmo não é para contentar-se com o que está dado, não é para confirmá-lo, pois uma das características do pensamento é a dinâmica. O pensamento só confirma o que vê quando tem preguiça. Quando está tomado pela estase. Este estado de preguiça é o que podemos chamar de ócio negativo. Ócio puro e simples, ludicidade presa em si mesma. Esgotamento rápido de um prazer infinito. O movimento é, mais que uma característica, o seu elemento mais essencial: uma qualidade do verbo que se faz verdade da coisa. A filosofia não faz mais que mover o pensamento. Ela é um meio de transporte. Um furacão.

Filosofia é, portanto, se seguimos a literalidade do étimo de "metáfora" (em grego, a língua originária da filosofia inventada pelos gregos: transporte), uma metáfora para a função magna do pensamento. O fato de que ele se move. A filosofia é uma metáfora com função de metáfora. O pensamento é um passeio e a filosofia o experto guia. Filosofia como meio de transporte de uma viagem, uma boa definição para um dicionário. Claro, uma viagem do pensamento em direção às coisas. As metáforas são boas para definir a filosofia, elas promovem uma relação entre nossa sensibilidade e nossa racionalidade. Que a navegação da filosofia é imprecisa também é metáfora. Metáfora, por sua vez, é tudo o que nos faz pensar ao promover um deslocamento.

A filosofia é uma nau, podemos dizer. Uma nau de insensatos, como as do século XVII, que carregavam, na Europa nórdica, os loucos – aqueles que a sociedade não podia suportar, que deviam ficar à deriva, sem chão, sem território, vagando pelos mares e recolhendo aqueles que, nos portos, sobravam, excediam do comportamento e do modo de ser aceito. A analogia entre filósofos e loucos é oportuna neste ponto. Mas quem é o louco?

Podemos tolerar alguém que pensa e que, por isso mesmo, contradiz o que temos como certo?

Continuemos nas metáforas: a filosofia é também uma nave espacial que levou o ser humano à lua. Todavia ainda não experimentamos os reais efeitos de termos ido, como humanidade, à lua. Este, como qualquer fato, não providenciou o acesso ao seu significado. A filosofia é, então, a passagem ao significado das coisas, sem o que não temos acesso à própria coisa.

Se usarmos a metáfora do barco, teremos que a filosofia é também um barco antigo – tal como o que Ulisses usou para navegar de volta a Ítaca – que, por mais reformas e atualizações que possa ter recebido ao longo de sua história, permanece sem motor. Com isso quero dizer que a filosofia não tem um início certo. Ela pode nascer do susto, do medo, da angústia, da perplexidade, mas não funciona sozinha. Ela não é um dispositivo que funciona por si só. Nada nela é inteligência artificial capaz de andar por conta própria. Se ela nasce por um impulso – se pensar é um impulso, ou seja, algo que não controlamos –, ela, todavia, não se sustenta pelo impulso. Ideias podem ser *insights*, mas o todo que as sustenta não. A filosofia exige remos. A força de propulsão é o *insight* das ideias, ou seja, o salto a que chamaremos "trabalho do intelecto" iniciado há mais de dois mil anos. A história da filosofia é a história da construção desta grande embarcação, cujas reformas são responsabilidade nossa. Só o que não podemos fazer é abandonar o barco se somos seus comandantes, ou seja, filósofos.

Ela é a aventura em alto mar e as tempestades como ameaças ao caminho sempre se repetem. Preciso dispor-me ao naufrágio e seguir em braçadas sobre uma prancha de madeira em restos. O poder da embarcação é sempre precário diante da violência da existência. Mas é sempre possível salvar a vida sobre um frangalho.

O pensamento será mais que isso?

Ir além

•••

Mas qual o teor desse movimento? Quando sei que estou pensando, mas não sei bem em quê, o que me ocorre é que estou perdido entre muitas impressões, mas também estou experimentando, não importa se de modo suave ou intenso, a instabilidade do pensar, o seu movimento que me retira da inércia e elimina a estase. É este movimento puro e simples que a filosofia intensificará. Pois ela não coloca nada de artificial no pensar, apenas reforça suas habilidades e capacidades naturais ("mais pensamento"). A filosofia é como a força propulsora, o *insight*, mas também é a ordem que o compreende.

Atenção é o nome desta força que, mais que mover, comove o pensar. Co-move no sentido de que permite relacionar o pensado com a coisa. Ela envolve sempre uma perspectiva. O olhar sobre o pensamento e o que é pensado e perceber sua relação. A atenção ocorre quando o pensar é tomado de um susto. Portanto, a atenção é uma espécie de reação. Há nela algo de resposta a um estímulo. O que os gregos chamaram de *Taumas* (admiração, espanto, perplexidade) é a mãe da atenção. Já falamos algumas vezes dessa expressão e precisamos guardá-la se estamos "filosofando".

Susto. Ou seja, sou como que atacado pela evidência, pela fulguração das coisas.

Que pode me ocorrer diante desse fato?

Levo um susto e, ou me torno pedra diante do que vejo, ou escapo. O pensar é sempre meu escudo, mas pela possibilidade de se mover. Se a filosofia não fosse uma co-moção, o sujeito que pensa esfarelar-se-ia diante de seu objeto, feito pedra e pó, qual vítima do rosto da Medusa. É a capacidade de mover-me (mover como pensar é o escudo) diante do objeto que me permite permanecer vivo diante do horror de seu enigma, de sua verdade, de seu mistério.

É porque pensando me movo que "re-presento", qual Perseu que, no mito, serve-se de um espelho protetor. A representação (a capacidade de oferecer outra imagem, conceito, ideia, definição) é esse espelho. Mas ela só é possível porque modifico, pelo "mover-me", a perspectiva habitual com que eu deveria ver as coisas. Pensar é escapar do poder petrificante das coisas. Representando escapo do escuro da ignorância, começo a inventar o mundo da cultura. Pensar pode parecer uma fuga se não envolvesse a representação. Re-apresento o real com uma face suportável (a expressão é sempre algo de ficcional). Torno o estranho comunicável. Então, posso escolher se fico de frente, de lado, se verei por baixo e como vou descrever o que vejo. Nesta escolha instauro a filosofia como um trabalho da linguagem: quero saber como dizer, mas só descubro enquanto digo.

"Co-mover" é deixar-se levar pelo objeto, é receber o impulso do que percebo e orientar-me por ele. É me deixar levar atento ao que está fora de mim, negando de certo modo o que vejo para ver mais, o que se me apresenta, mas numa espécie de negação positivadora, que não é destruição, mas recriação.

Pensar como aventura

•••

A filosofia é a aventura do pensamento. Uma viagem ao centro das coisas que envolve um passeio por sua superfície. O filósofo será um guia que presta atenção no que vê e pondera o que não pode ser visto.

Mas aquele que se dedica à filosofia também deve ter a alma de um engenheiro e de um arquiteto. Deve ser um bom construtor de pontes. A ponte é o método, o caminho, capaz de ligar territórios isolados. Para construir uma boa ponte é preciso conhecer os materiais, mas é necessário também um conhecimento prévio sobre a necessidade da ponte. Quando viajamos pelo interior do Brasil, muitas vezes vemos pontes inconclusas em ruínas, deixadas ao lado de estradas ligando o "nada ao lugar nenhum". Ligação perdida. Talvez uma metáfora de nossa perdição. O trabalho do construtor de pontes precisa levar em conta o desejo de atravessar o abismo dos que habitam um lado ou outro da margem. A ponte deve ser segura para que os que nela atravessam cheguem ao seu destino, mas também possam parar e contemplar o buraco fundo ou o rio que corre por debaixo da sustentação.

Kant dizia que a metafísica não era mais que uma ponte entre mundos, o do empírico, que nele representava a vida concreta – a experiência sensorial, o que sabemos porque vemos e sentimos – e o mundo do transcendental, o mundo do pensamento – das convenções racionais em torno da linguagem ou dos valores. A metafísica na época em que Kant escreve sobre ela é uma matéria que vive certo descrédito, pois estava aliada à visão dogmática do mundo, em um tempo em que a física newtoniana deitava por terra paradigmas considerados pela revolução científica como obsoletos. Deus, por exemplo, não era algo que poderia ser pensado pela ciência e os filósofos, tais como Leibniz que tentavam provar sua existência ou sua racionalidade, caíam facilmente no descrédito do tempo. A metafísica neste caso era aquela espécie de ponte perdida entre o nada e o lugar nenhum. Mas Kant usou com força a metáfora da engenharia e da arquitetura. Buscando mostrar o sentido que ainda se poderia dar à metafísica desde que ela fosse revista por meio de uma crítica, ele fala em edifício. A crítica para o filósofo iluminista era o alicerce do edifício da metafísica. A metafísica por sua vez era uma ponte que necessitava de uma forte sustentação, sob pena de cair por terra. A ponte não podia ser abandonada, mas os territórios que dela necessitavam deviam ser consistentes e suficientemente duros.

A filosofia como uma construção de pontes, que liga territórios diferentes (entre arte e ciência, entre intelecto e cotidiano), não pode perder de vista o vão sobre o qual a ponte se estabelece. A ponte se erige sobre o que queremos evitar, onde não queremos cair, o que não podemos atravessar. Não podemos perder a noção dos abismos. O abismo é o impensável, o que podemos ver, mas cuja visão de pouco nos adianta, a não ser saber que ele existe e aproveitar sua negatividade como um ensinamento sobre o sentido das coisas.

Nietzsche dizia que quando olhamos para o abismo ele nos olha e, aqui, voltamos ao ponto inicial da filosofia. O olhar para o nada.

Para finalizar: pensar, verbo transitivo

•••

Talvez tenhamos chegado à conclusão de que pensar não é um verbo intransitivo. Pensar é algo que precisa avançar no tempo. Algo que é ação e desenvolve ações. Se o *penso-logo-existo* se torna a verdade estática, se esta certeza me basta, eu eliminei a dúvida que está em sua origem e, pela crença na verdade alcançada, eliminei o cerne do pensar. Não basta pensar, é preciso pensar o pensar. Não é mera metateoria, mas o começo da ação que não volta as costas para o pensamento, antes se faz a partir dele, nasce de mãos dadas com ele. A filosofia não é o pensar puro e simples, ainda que ela seja um gesto simples, do simples esforço de pensar melhor. O mero pensar que encontramos de modo selvagem em nosso cotidiano é a pedra dura à qual devemos prestar atenção quando começamos a filosofia, pois o que pensamos – mesmo que mal-pensado, que pensado de modo bem precário – não pode jamais ser eliminado. Nosso pensar – assim como o pensar partilhado pelas culturas, no tempo e no espaço – tem uma história. A filosofia não é tampouco a domesticação do pensamento ou a sua civilização. Ela é organização de ideias, mas sobretudo o lugar onde elas podem nascer livres de toda violência. Isto não quer dizer que as ideias filosóficas sejam sempre bonitas. Devem, todavia, aparecer como algo suficientemente verdadeiro – mesmo que feias e desajeitadas – para que possamos prestar atenção nelas. Se ela é organização do caos das impressões, ela só é possível pela atenção. Junto com o fato da dúvida este é o cerne do pensamento filosófico. Definir a filosofia começa, portanto, por uma definição do pensamento como fruto de atenção às coisas, ao que existe. O que queremos dele, o que esperamos com ele? Com isso estamos perguntando: "o que pode o pensamento?".

Neste ponto, podemos definir o pensamento como um bom poder porque, em vez de dominar, nos liberta. Posso, a esta altura, concordar com isso? É uma pergunta que não devo deixar de lado.

Além de poder, também estão em jogo um maravilhamento e um prazer. O constante ir-mais-ao-fundo-das-coisas que caracteriza a filosofia é a sua responsabilidade, a bandeira da verdade que faz parte de seu projeto.

A filosofia pode realizar-se de muitos modos. O importante, o que primeiro precisamos saber, é que ela é a aventura do pensamento que não se deixa contentar com o mundo tal como ele está disponível a nós. Por isso, a filosofia é viagem, dirão tantos, mas, sobretudo, ela começa com o passeio, caminhar lúdico e sem pretensões em que o olhar simplesmente vê.

Quando o olhar se torna atentamente curioso e quer ultrapassar o muro, quer saber o que há além da rua e, mais além, o além do horizonte, então, a filosofia implantou-se com raízes como busca do ver mais além. O argumento, uma elaboração de linguagem que visa a expor um sentido, é como sapatos para o filósofo que busca reconhecer seu próprio caminho.

Buscar, eis o verbo que melhor acompanha o verbo pensar. Em sua busca de ver mais, a filosofia pode ser uma lupa (um instrumento manual e até lúdico que promove a visão do detalhe de algo próximo), um telescópio (um instrumento que promove a visão do detalhe de algo distante), um microscópio (um instrumento que permite ver o que é tão minúsculo que se oculta) ou um caleidoscópio (que nos permite ver combinações de cores e formas que, heraclitianas, não se repetem).

Não existiria filosofia sem a metáfora do olhar. Na raiz do verbo *Theorein*, que os gregos usavam para designar a teorização ou contemplação, há o ver. A filosofia é teorização, ou seja, contemplação, um modo de ver que busca o que não é simplesmente visível. Mas como ver o que não pode ser visto? A questão filosófica é a de saber que o que se mostra não revela, e que o invisível preside o que se pode ver. O que está à mostra não é simplesmente a verdade apenas porque está visível. Portanto, não basta aprender a ver. Este é um primeiro passo, mas não o único. Começamos a filosofia quando descontentes com o que é, questionamos seu porquê. Aprendemos a tirar véus. Neste ponto não é certo que sabíamos o que víamos, nem o que era, mas simplesmente víamos. Podemos questionar sem saber a verdade, justamente porque não a sabemos. E, neste "questionamento", pressupomos que haja uma "verdade".

Se a verdade não é o simplesmente visível, tampouco ela é algo dado, a verdade não é a convenção. O pensamento – que é algo comum – não deve nos levar ao simples consenso, à verdade como algo que simplesmente partilhamos, pois podemos partilhar preconceitos. A verdade não pode ser a confirmação dos preconceitos. É preciso questionar o que é pressuposto. E neste ponto, a filosofia é um caminho cujo fim precisamos descobrir levando em conta o momento pessoal do pensamento e a festa quando pensamos juntos.

E, para isso, mais que olhar, é preciso também ouvir. Só vendo e ouvindo é que nos tornaremos indivíduos capazes de pensar de modo mais intenso, porque então teremos sentido.

Bibliografia mencionada que pode ser útil para quem quiser conhecer outras viagens com Filosofia

•••

ARISTÓTELES. *Metafísica*. São Paulo: Loyola, 2002.

BACON, Francis. *Novum Organum*. In *Os pensadores*. São Paulo: Abril Cultural, 1997.

DESCARTES, René. *Discurso do método*. São Paulo: Martins Fontes, 1991.

FLUSSER, Vilém. *A dúvida*. Rio de Janeiro: Relume Dumará, 1999.

HEIDEGGER, Martin. *Que é metafísica?* Tradução e notas de Ernildo Stein. In *Os pensadores*. São Paulo: Abril Cultural, 1996.

HOBBES, Thomas. *Leviatã*. Tradução de João P. Monteiro e Maria B. N. da Silva. In *Os pensadores*. São Paulo: Abril Cultural, 1997.

LUCÁKS, Georg. *A teoria do romance*. Trad. Posfácio e notas de José Marcos Mariani de Macedo. São Paulo: Duas Cidades, Ed. 34, 2000.

MONTAIGNE, Michel de. *Ensaios*. Tradução de Sérgio Milliet. In *Os pensadores*. São Paulo: Abril Cultural, 1996.

NIETZSCHE, Friedrich. *Genealogia da moral*. Uma Polêmica. Tradução, notas e posfácio de Paulo César de Souza. São Paulo: Cia. das Letras, 1998.

____________. *Humano, demasiado humano*. Um livro para espíritos livres. Tradução, notas e posfácio de Paulo César de Souza. São Paulo: Cia. das Letras, 2000.

PLATÃO. *República*. In *Obras completas*. Madri: Aguilar, 1993.

WITTGENSTEIN, Ludwig. *Tractatus logico-philosophicus*. Tradução, apresentação e ensaio introdutório de Luiz H.L. dos Santos. São Paulo: Edusp, 2001.

ZAMBRANO, Maria. *Filosofia y poesia*. México: Fondo de Cultura Econômica, 1996.

Este livro foi composto nas tipologias Myriad Pro corpo 20/24,
Adobe Garamond Pro corpo 12/17,2 e AnkeHand corpo 12/17,2 e
impresso em papel off-white 90g/m^2 no Sistema Digital
Instant Duplex da Divisão Gráfica da Distribuidora Record.